ZIT STIL

Theo Compernolle

Zit Stil

Handleiding voor het opvoeden van
overbeweeglijke kinderen

lannoo

Aan Bieke Meert
en de ouderwerkgroepen 'Zit Stil'
en 'Balans'

Tiende druk - Negenentwintigste duizendtal
Omslagontwerp Studio Lannoo
Gezet, gedrukt en gebonden bij
Drukkerij Lannoo nv, Tielt - 1996
© Uitgeverij Lannoo nv, Tielt
Printed in Belgium
D/1996/45/268 - ISBN 90 209 1892 3 (9de bijdruk) - NUGI 721

Inhoudsopgave

Lees eerst dit

1. Bedoeling:
Een boek voor ouders van
overbeweeglijke kinderen

Dit is een boek voor ouders die het gevoel hebben dat ze hun kind wel honderdmaal per dag, in alle toonaarden, en toch zonder veel succes, 'Zit stil!' toeroepen. 'Zit stil' in al zijn variaties van: 'Hou je rustig!' en 'Doe niet zo druk!' tot 'Wees toch wat voorzichtiger!' en 'Kalmpjes aan!'
Dit is een boek voor ouders van kinderen zonder remmen. Kinderen die door hun overbeweeglijkheid steeds weer problemen veroorzaken voor zichzelf en anderen. Kinderen die door hun voortdurende onrust zich minder goed ontwikkelen dan men op basis van hun intelligentie zou mogen verwachten.

Dit boek is bedoeld als hulp. Het wil u helpen om liefdevolkordaat de OVER-beweeglijkheid van uw kind te kanaliseren tot gewone beweeglijkheid. Als alles goed verloopt, zal uw kind 'kwikzilver', 'spring in 't veld' of 'nerveus raspaardje' blijven. Het is natuurlijk niet de bedoeling uw kind op te voeden tot een 'marionet' of 'sloom slaafje'. Dat zou met de methodes die in dit boek beschreven worden, trouwens niet lukken. Daarvoor zijn ze al te zeer ingesteld op aanmoedigen en belonen. 'Zit Stil' is een hulpmiddel om uw kind te leren zijn kwaliteiten beter aan te wenden en zijn eventuele handicaps zoveel mogelijk te overwinnen.

2. Vertrekpunt:
de vraag van ouders van super-overbeweeglijke kinderen

De eerste versie van deze handleiding werd in 1984 geschreven voor een onderzoeksproject aan de Katholieke Universiteit te Leuven. Dit onderzoek ging over kinderen die voortdurend ernstige problemen hebben en veroorzaken door extreme overbeweeglijkheid en impulsiviteit. Een en ander in combinatie met een gebrekkige aandacht en concentratie. Met andere woorden: kinderen met het zogenaamde ADHD-, MBD- of hyperkinetisch syndroom.

In ons onderzoek werd aangetoond dat ouders, met behulp van deze handleiding en van zes therapie-sessies, in slechts zes weken tijd een heel duidelijke verbetering in het gedrag van hun kinderen konden aanbrengen. De handleiding werd later verspreid via de oudervereniging 'Zit Stil' en gebruikt door honderden ouders van kinderen met een ADHD-syndroom.

In dit boek beperk ik me tot een beschrijving van de belangrijkste kenmerken van het ADHD, zodat u kunt nagaan of uw kind misschien tot die speciale categorie behoort. Met deze kinderen is dikwijls veel meer aan de hand. Daar ga ik niet op in, omdat het ons te ver zou afleiden van het hoofdthema van dit boek. Als u van mening bent dat uw kind een ADHD heeft, kunt u beter een kinderpsychiater raadplegen.

3. Aanleiding:
het enthousiasme van ouders van 'gewone' overbeweeglijke kinderen

Via mond-tot-mond-reclame ontdekten steeds meer ouders van 'gewone' overbeweeglijke kinderen de handleiding. Dit succes bewees dat deze erg gewaardeerd werd door ouders van alle mogelijke ontembare, temperamentvolle, overbeweeglijke 'haantjes de voorste', 'eeuwige deugnieten' en andere 'steigerende volbloedpaardjes' met een teveel aan energie. Leuke kinderen die hun ouders toch dikwijls radeloos weten te maken. De dringende vraag van die ouders stimuleerde me om de handleiding te herschrijven tot een 'gebruiksaanwijzing' voor alle overbeweeglijke kinderen.

4. Inspiratiebron:
de vragen van ouders van overbeweeglijke kinderen

Bij het schrijven van deze handleiding hield ik rekening met de gegevens uit wetenschappelijk onderzoek. Ik heb echter geprobeerd zoveel mogelijk afstand te nemen van onderwerpen waar wetenschappers en specialisten graag over discussiëren, maar waar ouders in de praktijk weinig aan hebben.
Het boek is geschreven als antwoord op de vragen die *ouders* me steeds weer stelden. Ik richt me op wat *ouders* nuttig of belangrijk vonden en wat *ouders* het meest waardeerden als uitleg of advies.

5. Mijn critici:
ouders, leerkrachten, hulpverleners en overbeweeglijke kinderen

De originele handleiding bevatte een enquêteformulier. Daarmee konden de gebruikers kritiek geven en vragen stellen. Op basis van de reacties van ouders, hulpverleners, opvoeders, leerkrachten en kinderen werd de tekst een aantal malen aangepast. Dit ging zo door, tot een enthousiaste uitgever me stimuleerde om nog eens achter de tekstverwerker te gaan zitten en er een echt boek van te maken.

Bieke Meert, de energieke voorzitter en mede-oprichter van de ouderwerkgroep 'Zit Stil', die inmiddels ook een onderzoeks- en begeleidingscentrum heeft, verdient hier een bijzondere vermelding. Ze gaf me heel wat nuttige adviezen en verzamelde allerlei tips. Deze kreeg ze aangereikt van ouders en oudergroepen die de handleiding gebruikten.

6. Mijn grootste stimulans: de reacties van overbeweeglijke kinderen zelf

Als ik in mijn werk overbeweeglijke kinderen voor het eerst zie, meestal samen met het gezin waartoe ze behoren, dan zijn ze nooit erg gelukkig. Het is dikwijls roerend om te zien hoe die kinderen hun best doen, maar toch steeds weer mislukken en telkens weer in moeilijkheden terechtkomen. Sommigen zijn ronduit depressief, anderen verbergen zich achter een stoere of onverschillige houding. Als de ouders dan, met behulp van deze 'gebruiksaanwijzing', de zaak anders gaan aanpakken, is het begin dikwijls moeilijk. Dit is een overgangsperiode waarin het kind de nieuwe regels uittest, een periode die met heel wat strijd gepaard kan gaan. Als de ouders volhouden, accepteert het losgeslagen raspaardje daarna de teugels.

Telkens opnieuw ben ik ervan onder de indruk hoe snel die nukkige, droevige, boze kinderen veranderen. Ze worden gelukkiger, vrolijker, enthousiaster vanaf het moment dat de ouders de teugels weer liefdevol-kordaat in handen hebben. Als jonge volwassenen vertellen ze me soms jaren later hoe moeilijk maar ook hoe belangrijk het moment was, waarop hun ouders eensgezind de opvoeding op een andere manier ter hand gingen nemen.

14

7. Geen leesboek maar een werkboek voor ouders en hun 'medewerkers' thuis en op school

De adviezen in dit boek werken het beste als *beide* ouders dagelijks 15 minuten tot een halfuurtje tijd vrijmaken om ze te lezen en met elkaar te bespreken. De ervaring van ouders is dat er zeer veel informatie in deze handleiding staat en dat het beter is de tekst niet ineens, maar in gedeelten te lezen. Lees samen hetzelfde stuk en bespreek het met elkaar. Doe het! Het loont echt de moeite! We weten uit ervaring: *als u het SAMEN doet, zult u het snelst het beste resultaat bereiken.*
Geef deze tekst door aan familieleden, vrienden, kennissen en leerkrachten die ook regelmatig met uw kind te maken hebben. De mooiste resultaten worden bereikt, als *alle* verantwoordelijke volwassenen consequent één lijn volgen.

8. Leeswijzer

Ik heb dit boek in een zo begrijpelijk mogelijke taal geschreven. Toch kon ik een vakterm af en toe niet vermijden. Van al die vaktermen samen maakte ik een *zakwoordenboekje*. Hoewel ze geen boeiende lectuur vormen, raad ik u toch aan die omschrijvingen eerst even door te lezen.
Het boek is verdeeld in zes hoofdstukken.
Het *eerste hoofdstuk* gaat over de meest voorkomende oorzaken van overbeweeglijkheid.
In het *tweede en derde hoofdstuk* vindt u praktische, concrete richtlijnen om uw kind op een doeltreffende en plezierige manier iets aan dan wel af te leren. De doeltreffendheid van deze aanpak werd wetenschappelijk aangetoond, namelijk bij allerlei kinderen met kleine en grote gedragsproblemen. Wilt u een probleemsituatie het hoofd bieden, dan kunt u het beste een tijdje deze richtlijnen nogal letterlijk volgen.

De opvoedingsadviezen in het *vierde hoofdstuk* zijn heel specifiek bedoeld voor overbeweeglijke kinderen. Ze zijn gebaseerd op mijn ervaringen als therapeut van vele tientallen zeer overbeweeglijke kinderen die dikwijls ook aandacht-, concentratie- en leerstoornissen hadden. Voor zogenaamde ADHD-kinderen zijn ze vrijwel allemaal nuttig; voor gewone overbeweeglijke kinderen kunt u datgene kiezen wat voor uw kind nuttig lijkt. Omdat een goede samenwerking tussen de ouders uitermate belangrijk is, heb ik er een afzonderlijk *vijfde hoofdstuk* aan besteed.

In het *zesde hoofdstuk*, tenslotte, geef ik meer uitleg over de problemen van kinderen die een zogenaamd ADHD-, MBD- of hyperkinetisch syndroom hebben. Dit zal u zeker interesseren als u te maken hebt met een kind dat een dergelijk syndroom heeft.

9. Als dit boek niet volstaat: zoek hulp!

Als u met deze handleiding toch niet in staat blijkt het gedrag van uw kind in de juiste banen te leiden, wacht dan niet te lang met het inroepen van professionele hulp. Zorg ervoor dat u een hulpverlener kiest die iets van het ADHD-syndroom afweet en die ook gewend is te werken met het *hele gezin*.

Als u niet weet waarheen te gaan, vraag dan advies aan uw huisarts, aan een PMS (SBD) of DGGZ (RIAGG). U kunt ook raad vragen aan een van de ouderverenigingen van ADHD/MBD-kinderen. Deze mensen weten beter dan wie ook, waar u in uw eigen omgeving of streek de beste hulp kunt vinden. Het is bovendien een enorme steun om met andere ouders van overbeweeglijke kinderen van gedachten te wisselen. Deze ouderverenigingen organiseren regelmatig themadagen met professionele inbreng, evenals gespreksgroepen waar betrokken ouders van elkaars ervaringen kunnen leren. Nergens zult u meer begrip, goede raad en steun vinden dan bij een groep ouders die zelf elke dag met gelijksoortige problemen geconfronteerd worden. Doe het!

U vindt contactadressen in alle provincies.

In België:

'ZIT STIL'. Centraal secretariaat: Begijnhof 35, 9150 Dendermonde, telefoon (052) 21 25 88 (tijdens kantooruren), of: (052) 21 79 27 of (03) 830 30 25 (na 20.00 uur).

In Nederland:

'BALANS'. Centraal secretariaat: De Kwinkelier 40, 3722 AR Bilthoven, telefoon (030) 29 22 04.

Meer informatie hierover vindt u achteraan in het boek.

Zakwoordenboekje

Uitleg bij enkele vaktermen die u dikwijls hoort of leest in verband met een overbeweeglijk kind

AAA: Afkorting van 'Aandoening met Aantasting van de Aandacht'. De Nederlandse vertaling van Attention Deficit Disorder. Omdat AAA niet ingeburgerd wilde raken, gebruiken we in dit boek — in overleg met de ouderverenigingen — de Engelse afkorting ADHD (zie: hoofdstuk 6).

ADD: Afkorting van 'Attention Deficit Disorder'. Vroeger door specialisten gebruikt in plaats van ADHD (zie: hoofdstuk 6).

ADD+H: Afkorting van 'Attention Deficit Disorder + Hyperkinesis'. Deze afkorting werd een tijdje door specialisten gebruikt en betekent: Aandoening met Aantasting van de Aandacht en Hyperkinetisch Gedrag (zie: hoofdstuk 6).

ADHD: Afkorting van 'Attention Deficit Hyperactivity Disorder'.
Deze benaming wordt nu gebruikt in plaats van hyperkinetisch syndroom, MBD, ADD of ADD+H (zie: hoofdstuk 6).

BALANS: Dit is een oudervereniging voor ouders van ADHD/MBD-kinderen. (In Vlaanderen heet de vereniging 'ZIT STIL'.)

Centraal secretariaat: De Kwinkelier 40, 3722 AR Bilthoven, telefoon (030) 29 22 04. (Zie achteraan in het boek.)

BIJZONDER ONDERWIJS: In België: onderwijs voor kinderen met een handicap. Er zijn acht typen. De hyperkinetische kinderen die naar dit bijzonder onderwijs gaan, zitten meestal in type 3 of type 8. (In Nederland wordt dit onderwijs SPECI-AAL ONDERWIJS genoemd.)
Voor sommige overbeweeglijke kinderen heeft dit onderwijs grote voordelen, bijvoorbeeld:
— als ze slecht leren door hun storend gedrag;
— als ze door hun leerstoornissen het tempo van het normale onderwijs niet kunnen volgen.

COGNITIEVE THERAPIE: Therapie waarbij de patiënt wordt aangeleerd hoe hij zijn spontane, zichzelf ondermijnende manieren van denken kan veranderen (zie: hoofdstuk 6).

COÖRDINATIE (en COÖRDINATIESTOORNIS): Geordende samenwerking. Denk aan een voetbalploeg: elf topspelers kunnen verliezen tegen elf veel minder goede spelers, als die topspelers niet geordend, niet gecoördineerd samenwerken.
Onze zintuigen moeten geordend met elkaar samenwerken, evenals onze zintuigen met onze spieren. Soms zijn al die spieren en zintuigen wel tiptop in orde, maar werken ze niet goed samen. We noemen dat verschijnsel een coördinatiestoornis (zie: hoofdstuk 6).

DELINQUENT: Iemand die misdrijven begaat, die bedriegt, steelt, liegt, anderen mishandelt.

DIAGNOSE: Het vaststellen of het herkennen van een ziekte door middel van de geobserveerde tekens en verschijnselen. Sommige verschijnselen kan men gewoon waarnemen (bijv. overbeweeglijkheid, onhandige motoriek); andere kan men slechts achterhalen met behulp van medisch-technisch onderzoek (bijv. bloedonderzoek, radiografie, elektro-encefalografisch [hersen-] onderzoek).

DYSCALCULIE: Stoornissen bij het rekenen (zie ook: dysfunctie).

DYSFUNCTIE: Als een orgaan of een systeem niet beschadigd is, maar toch niet goed werkt. Het kan bijv. slecht geregeld zijn of de onderdelen kunnen niet gecoördineerd zijn. Een uitstekende benzinemotor zal slecht werken (= dysfunctie) als bijv. het ontstekingstijdstip wat te vroeg of te laat valt. Een voetbalploeg met goede spelers kan toch slecht spelen (= dysfunctie) als ze niet goed samenspelen. In een flink stel hersenen kan iets misgaan zonder dat die hersenen beschadigd zijn, als bijv. de onderdelen onvoldoende geordend samenwerken (= dysfunctie). (Zie ook: perceptiestoornis, en verder hoofdstuk 6.)

DYSLEXIE: Stoornissen bij het lezen (zie ook: dysfunctie; perceptiestoornis).

DYSORTHOGRAFIE: Stoornissen bij het schrijven (zie ook: dysfunctie; perceptiestoornis).

EEG (Elektro-encefalogram): Onze hersencellen veroorzaken onmeetbare kleine elektrische stroompjes. In onze hersenen werken de cellen met vele duizenden tegelijk. Al die stroompjes samen zijn dan wel groot genoeg om aan de buitenkant van de schedel gemeten te kunnen worden. Dat noemen we: Elektro-encefalografie. Hiermee kunnen we het aan de oppervlakte van de hersenen zien als grote groepen hersencellen gestoord reageren. Als de stoornis dieper in de hersenen ligt of als er slechts een klein groepje cellen gestoord reageert, dan kunnen we dat aan de buitenkant niet meten. Als bij overbeeglijke kinderen de hersenstoornis maar heel klein is, zal die stoornis op het EEG niet te zien zijn. Met de allermodernste, dikwijls nog experimentele 'scanner'-methoden kan men nu bij veel ADHD-kinderen toch aantonen dat een heel klein onderdeel van de hersenen niet helemaal goed functioneert. Ook als er met het EEG niets afwijkends te ontdekken valt.

EPILEPSIE: 'Vallende ziekte'. Deze ontstaat als een deel van de hersencellen zich samen afwijkend gedraagt, waardoor onder andere allerlei bewegingen en krampen ontstaan. Het is een soort elektrische storm in de hersenen. Als de 'storm' beperkt blijft, ontstaat niet het beeld van de 'vallende ziekte', maar zijn er beperktere verschijnselen. In zeldzame gevallen veroorzaakt epilepsie enkel gedragsproblemen.

HYPERKINETISCH: Samenstelling van het Griekse 'hyper' = zeer, erg, overdreven, en 'kinesis' = beweging. Dus: overbeweeglijk, overdreven beweeglijk. Het ADHD-syndroom werd vroeger het hyperkinetisch syndroom genoemd.

IMPULSIEF: Handelen zonder nadenken. In sommige situaties is het goed impulsief te handelen en zonder veel nadenken een plotse ingeving te volgen. Maar iemand die uit gewoonte impulsief handelt, loopt de kans veel domme dingen te doen, ook al is hij in feite wel verstandig.

INTELLIGENTIE: Verstandelijke vermogens, schranderheid.

LABILITEIT: Wisselvalligheid. Emotionele labiliteit is een te grote wisselvalligheid van de gemoedstoestand, van de stemming.

LEERSTOORNIS: Zie: dysfunctie; perceptiestoornis; stoornis.

GEESTELIJK OF MENTAAL GEHANDICAPT: Iemand die

weinig intelligent is, die niet over voldoende verstandelijke vermogens beschikt, een laag intelligentiecoëfficiënt (IQ) heeft. Vroeger sprak men in termen als debiel en imbeciel. Nu wordt dit niet meer gedaan, omdat die woorden zo'n negatieve en beledigende bijbetekenis hebben gekregen.

MBD: Oorspronkelijk de afkorting van Minimal Brain Damage, wat wil zeggen: zeer kleine, lichte hersenbeschadiging. Later gebruikt in de betekenis van Minimal Brain Dysfunction, wat wil zeggen: een kleine hersendysfunctie. Nu gebruiken hulpverleners vooral de term ADHD (zie: hoofdstuk 6).

OUDERS: Twee mensen die, als ze een overbeweeglijk kind hebben, nogal eens ten onrechte de schuld krijgen van alle problemen die daarmee gepaard gaan (zie: hoofdstuk 5).

OVERBEWEEGLIJKE KINDEREN: De kinderen over wie dit boek gaat. Ze hebben en veroorzaken problemen door hun overbeweeglijkheid en impulsiviteit, dikwijls in combinatie met een gebrekkige aandacht en concentratie. De ervaring leert dat de meeste overbeweeglijke kinderen jongens zijn. Daarom gebruiken we in dit boek voor het gemak steeds 'hij', als we het over deze kinderen hebben.

PERCEPTIESTOORNIS: Problemen bij het verwerken van wat de zintuigen waarnemen. Denk aan een gesprek: het geluid moet worden omgezet in zenuwprikkels. Die zenuwprikkels dienen door de hersenen juist ontcijferd, begrepen en onthouden te worden. Ook bij een kind dat goed hoort en intelligent is, kan er iets misgaan bij het ontcijferen van de zenuwprikkels. Soms wordt de informatie die van de zintuigen komt, niet gefilterd, niet gezeefd. Er is voortdurend zoveel te zien en te horen, en sommige overbeweeglijke kinderen kunnen uit dat alles niet halen wat belangrijk is. Dergelijke kinderen hebben dikwijls een ADHD.

Een andere voorbeeld van een perceptiestoornis is: dat wat via het ene zintuig (bijv. het oor) binnenkomt, werkt storend in op dat wat via een ander zintuig (bijv. het oog) binnenkomt. Andere perceptiestoornissen hinderen bijvoorbeeld het lezen (dyslexie) of het schrijven (dysorthografie). (Meer hierover in hoofdstuk 6; zie ook: dysfunctie.)

PMS-CENTRUM: Psycho Medico Sociale Centra zijn verbonden aan scholen om problemen bij de leerlingen op te sporen, zelf te verhelpen of, indien nodig, door te verwijzen naar gespecialiseerde hulpverleners. (In Nederland dikwijls: SBD, Schoolbegeleidingsdienst genoemd.)

PSYCHOFARMACA: Medicijnen die een invloed uitoefenen op het functioneren van de hersenen en vandaar op het gedrag. Echte ADHD-kinderen ervaren soms een belangrijke verbetering met psychofarmaca (zie ook: hoofdstuk 6).

PSYCHOSOCIALE OORZAKEN: Wanneer het probleemgedrag van het kind veroorzaakt wordt door stress, door zijn gemoedsgesteldheid, zijn relaties met andere mensen, de manier waarop het andere mensen behandelt en door anderen behandeld wordt. Het psychische en het sociale worden door veel hulpverleners in het ene woord 'psychosociaal' samengevat, omdat beide begrippen in de praktijk moeilijk te scheiden zijn. Hoe we ons voelen wordt bijv. door onze relaties met andere mensen beïnvloed. Maar onze relaties worden tevens beïnvloed door onze gevoelens.

REMEDIAL TEACHER: Zie: Taakleerkracht.

SBD: Schoolbegeleidingsdienst (Nederland). Zie: PMS-centrum.

SEQUENTIEEL DENKEN: Denken in stapjes. Bijv. om een cake

te bakken neem ik eerst..., dan doe ik..., dan... Of: als ik mijn zakdoek over de lamp leg, dan wordt die heet, dan..., dan..., dus doe ik het maar beter niet.
Sommige kinderen met een ADHD kunnen moeilijk in stapjes denken.

SPECIAAL ONDERWIJS: (Nederland) Zie ook: Bijzonder Onderwijs (België). Dit is onderwijs voor kinderen met een handicap. Als overbeweeglijke kinderen het in het gewone onderwijs niet redden, kunnen ze terecht op een LOM-school (school voor Leer- en Opvoedingsmoeilijkheden). Als hun gedragsproblemen ernstig zijn, is een (Z)MOK-school ([Zeer] Moeilijk Opvoedbare Kinderen) beter geschikt. Als ze intellectueel te kort schieten, is een (Z)MLK-school (school voor [Zeer] Moeilijk Lerende Kinderen) de aangewezen weg.

STOORNIS: In dit boek maken we een onderscheid tussen stoornissen en moeilijkheden.
We spreken over een stoornis als er aanwijzingen zijn dat een verschijnsel (of symptoom) rechtstreeks veroorzaakt wordt door een afwijking van het functioneren van de hersenen. Een rijpingsstoornis is een afwijking die in orde komt met het ouder worden.
De term 'moeilijkheden' gebruiken we als de problemen worden veroorzaakt door allerlei psychosociale factoren.
(Zie ook: dysfunctie; perceptiestoornis.)

SUPER-OUDERS: Ouders die erin slagen een overbeweeglijk kind goed op te voeden. Ze verdienen onze bewondering en alle begrip en steun, ook als ze af en toe de moed laten zakken en de opvoeding van hun bijzonder kind even in het honderd laten lopen.

SYMPTOOM: Vakterm uit de geneeskunde voor 'kenmerk' of

'ziekteverschijnsel'. Overbeweeglijkheid is bijv. een van de vele symptomen van het ADHD-syndroom.

SYNDROOM: Vakterm uit de geneeskunde voor een samenloop van ziekteverschijnselen, een complex van kenmerken die dikwijls samen voorkomen.
Het ADHD-syndroom bijv. is een geheel van te zamen voorkomende symptomen, onder andere: overbeweeglijkheid, aandachtsstoornissen en impulsiviteit.

TAAKLEERKRACHT: Leerkracht die hulp biedt aan leerlingen met leermoeilijkheden en niet al te ernstige leerstoornissen. Een taakleerkracht kan goede diensten bewijzen om een kind betere studiegewoonten aan te leren of om te helpen achterhalen waarom een kind onder zijn intellectuele mogelijkheden presteert. (Soms wordt een dergelijke leerkracht aangeduid met Remedial Teacher.)

ZIT STIL: Vereniging voor ouders van ADHD-kinderen in Vlaanderen. Deze ouders helpen elkaar echt heel goed. Neem er contact mee op! (In Nederland: BALANS; zie aldaar.) Zit Stil heeft ook een centrum voor onderzoek en begeleiding van ADHD-kinderen en jongeren.
Centraal secretariaat: Begijnhof 35, 9150 Dendermonde, telefoon (052) 21 25 88 (tijdens kantooruren), of: (052) 21 79 27 of (03) 888 17 47 (na 20.00 uur). (Zie achteraan in het boek.)

Voorbeeld vooraf

De ouders van Johan waren de eersten met wie wij volgens de regels van deze handleiding een ernstig probleem aanpakten.
Johan was destijds vijf jaar. Een verstandig jongetje, maar een volstrekt onhandelbaar en ontzettend druk, beweeglijk kind. Ongehoorzaam tot en met. Vernielde al het speelgoed en dat van zijn broertje erbij. Sloeg en schopte de buurkinderen en zijn schoolkameraadjes. Niemand wilde nog met hem spelen. Hij had de luidsprekerboxen van vaders stereo-installatie ondertussen ook al vernield. Als zijn ouders hem ook maar een seconde uit het oog verloren, veroorzaakte hij echt ernstige moeilijkheden, niet alleen voor anderen maar ook voor zichzelf.
Het was erg. En bovendien: echt levensgevaarlijk. Daarom moest moeder op het strand haar zoon met enkele meters touw vastbinden aan zijn enkel en dan aan haar ligstoel. Johan hield daardoor slechts enkele meters bewegingsvrijheid over en moeder helemaal geen.
Johan wilde niets van zijn ouders aannemen, wilde op geen enkele manier gehoorzamen. Hij was wat zijn gedrag betreft aardig achterop geraakt in vergelijking met zijn leeftijdgenootjes. Die konden zichzelf al aankleden, zelf eten, normaal met vriendjes omgaan, enz.
Op een dag was moeder bezig in de keuken, toen ze een hoop lawaai hoorde. Ze snelde naar de woonkamer en zag daar Johan druk in de weer met een plank die hij tegen vaders grote aquarium aan sloeg. Die plank had hij uit de boekenkast gehaald! Moeder riep dat hij met die spelletjes onmiddellijk moest ophouden. Daarop gaf Johan zijn moeder een mep op

haar borst met de plank, wat behoorlijk pijn deed. Moeder werd zo boos dat ze haar zoon een pak op zijn broek gaf. Ze raakte daarbij echter zo opgewonden dat ze bang was haar zoon iets te zullen aandoen. Ze sloot de jongen daarom op in haar slaapkamer en liep naar een buurvrouw om hulp. De buurvrouw kwam met Johans moeder mee. Toen ze de deur van de slaapkamer openden, leek daar een wervelwind huisgehouden te hebben. De inhoud van de laden lag over de vloer, de matras was opengescheurd en Johan stond met een paraplu tegen de lampen te slaan. De buurvrouw belde Johans vader op. Die kwam meteen van zijn werk naar huis. Met z'n allen — vader, moeder, Johan én buurvrouw — kwamen ze naar de kinderpsychiatrische polikliniek.

Drie weken later was het probleem opgelost. Vader had wel een week vrijaf moeten nemen, want moeder kon onmogelijk de zaak in haar eentje aan. Johan leerde eerst gehoorzamen. Pas daarna leerde hij zichzelf aan te kleden, alleen te spelen, moeder te helpen, enz. Het was een totale ommekeer, te mooi eigenlijk om waar te zijn, maar we hebben nog steeds een aantal videoopnamen 'als bewijsmateriaal'.

Moeder kon nu eindelijk naar het strand zonder Johan als een ondeugend hondje aan haar stoel te hoeven vastbinden. Ze had een scheidsrechtersfluitje bij zich waarop ze af en toe naar haar zoon floot. Johan liet zich dan even zien waarna moeder wist waar hij zat en met wie hij aan het spelen was. Zowel de vrijheid van Johan als die van moeder was enorm toegenomen.

Een samenloop van omstandigheden toonde enkele weken later aan dat de ommekeer niet toevallig was. Dat het werkelijk onze methodiek was die de enorme verbetering had veroorzaakt. Op een en dezelfde dag zette de wasmachine bij Johan thuis het hele huis onder water, werd moeders eigen vader ziek en raakte ze op weg daarheen met haar vinger tussen de deur. In al haar ellende vergat moeder de 'nieuwe aanpak', met als gevolg dat Johan in zijn oude gewoonten terugviel en opnieuw 'onhandelbaar' werd. Eén telefoontje was voldoende om ieder-

een weer op het juiste spoor te helpen. Anderhalve maand later ging alles nog even prima en konden de regels wat soepeler toegepast worden.
Moeder had heel wat bewonderende opmerkingen gekregen van familie, vrienden en buren, die de radicale ommekeer bij Johan hadden opgemerkt. Andere moeders kwamen haar om raad vragen. We zijn toen gestart met een groepje ouders die elkaar deze aanpak leerden om op die manier problemen met hun kinderen te kunnen oplossen.
Nu, zeven jaar later, gaat Johan naar de middelbare school. Andere dan de gewone dagelijkse moeilijkheden en het normale 'pubergedrag' hebben de ouders van Johan niet meer met hem gehad.
(Uit: *Je kind kan het zelf.*)

EERSTE HOOFDSTUK

Over de vele oorzaken van overbeweeglijkheid

1. De meest voorkomende oorzaken van overbeweeglijkheid

De meest voorkomende oorzaken van overbeweeglijk gedrag kunnen we vereenvoudigd onderbrengen in vijf groepen:
— *PSYCHOSOCIALE OORZAKEN:* storende invloeden uit de omgeving zoals stress, angst, emoties, verkeerde opvoeding, of overbeweeglijkheid van een van de ouders;
— *ERFELIJKE FACTOREN,* waardoor een kind een heel rustig of heel onrustig temperament heeft;
— *HERSENBESCHADIGING:* als iets stuk is of ontbreekt in de hersenen;
— *HERSENDYSFUNCTIE:* als niets stuk is, maar een onderdeel van de hersenen toch niet helemaal goed werkt;
— *VOEDSELALLERGIE:* het overgevoelig reageren op bepaalde produkten in het voedsel;
— *COMBINATIE VAN OORZAKEN.*

Psychosociale oorzaken

Bij twee derde van de overbeweeglijke kinderen ligt de oorzaak van hun overbeweeglijkheid buiten henzelf. De oorzaken van het probleem zijn voor het overgrote deel van psychosociale aard: stress, moeilijkheden thuis of op school, te hoog of te laag schoolniveau, verkeerde opvoedingsmethoden, verwend-zijn, mishandeling, ernstige gebeurtenissen zoals een overlijden, werkloosheid of ziekte in een gezin, en dergelijke.

Een perfect normaal kind dat van zijn ouders onvoldoende leiding krijgt of een kind dat leeft in een gezin waar de sfeer gespannen is, kan zeer overbeweeglijk en impulsief worden. Een kind dat in een klas zit waar het verstandelijk niet mee kan komen, kan naast leermoeilijkheden ook last krijgen om rustig en stil te blijven zitten.

Als uw kind overbeweeglijk is door spanning, stress of angst, dan zal natuurlijk de *bron* van die spanningen eerst moeten worden opgespoord en vervolgens worden aangepakt.

Overbeweeglijkheid als gevolg van psychosociale oorzaken is, als het hele gezin goed meewerkt, meestal in enkele weken tot maanden op te lossen. Er is echter één belangrijke uitzondering, namelijk als de ontwikkeling van een kind reeds in de vroegste kinderjaren gestoord raakte door verwaarlozing, verwenning of mishandeling. Zo'n ontwikkelingsstoornis vergt soms jarenlange specialistische hulp.

Erfelijke factoren

Erfelijke factoren spelen, steeds in combinatie met invloeden uit de omgeving, een rol in het bepalen van de beweeglijkheid van een kind.

We kunnen dat vergelijken met de lichaamslengte: het zijn vooral erfelijke factoren die bepalen hoe groot we worden. De helft van de mannen meet tussen 1.73 en 1.82 m. Maar er zijn mannen die kleiner zijn dan 1.60 of groter dan 2.00 m. Die zijn daarom niet abnormaal, ze behoren alleen tot een minderheid. Hoewel ze niet abnormaal zijn, kunnen er toch problemen optreden: ze vinden minder gemakkelijk confectiekleding, ze worden weleens uitgelachen, de langen stoten hun hoofd voortdurend, ze vinden geen bed dat bij hun lengte past, enz.

Zo is het ook met de overbeweeglijkheid van kinderen: ze erven een min of meer beweeglijk temperament. De meeste kinderen zijn gewoon beweeglijk, terwijl een kleine groep extreem rustig of extreem beweeglijk is. Op zich is dat niet

32

abnormaal of ziek te noemen. Doordat hun beweeglijkheid echter extreem is, kan dit problemen veroorzaken, vooral wat de opvoeding betreft.

Als de overbeweeglijkheid erfelijk bepaald is, kunt u soms in uw eigen familie meerdere bloedverwanten ontdekken die op dit moment last van overbeweeglijkheid hebben of dat als kind hadden.

Behalve een overbeweeglijk temperament kan het kind ook een kleine hersendysfunctie overgeërfd hebben. Soms ligt de oorzaak in een chromosoomafwijking (bijv. fragiel X-chromosoom).

Als het kind overbeweeglijk geboren wordt, hoeft de oorzaak niet steeds een erfelijke te zijn. De overbeweeglijkheid kan ook (mede-)veroorzaakt zijn door schadelijke invloeden op de zich ontwikkelende hersenen gedurende de zwangerschap of door moeilijkheden tijdens de bevalling. Het kind kan dan met een kleine hersenbeschadiging of hersendysfunctie geboren worden zonder dat dit een gevolg is van erfelijke factoren.

Hersenbeschadiging

De derde groep oorzaken, namelijk hersenbeschadiging, vinden we bijv. na hersenvliesontsteking, na geboortecomplicaties, na een ongeval, als gevolg van loodvergiftiging, soms in combinatie met een geestelijke handicap of epilepsie. Bij deze groep sprak men vroeger soms van *Minimal Brain Damage*, dat is: een heel kleine hersenbeschadiging. Schade aan de hersenen is vrijwel onherstelbaar. Wat wel kan, is dat goede delen van de hersenen het werk van de beschadigde delen min of meer overnemen. Als bijv. iets gekwetst werd in de linkerhersenhelft, kan de rechterhersenhelft het werk van de linker soms gedeeltelijk overnemen.

Hersendysfunctie

De vierde groep oorzaken betreft kinderen zonder aantoonbare hersenbeschadiging. Bij deze kinderen functioneert iets niet helemaal perfect in de hersenen. U kunt dit vergelijken met een goede motor die slecht afgesteld werd of die op verkeerde benzine loopt.

Bij een kind, overbeweeglijk door een zogenaamd ADHD- of hyperkinetisch syndroom, worden dikwijls de verschijnselen door zo'n kleine hersenfunctiestoornis veroorzaakt. Vandaar de vroegere naam: Minimal (= zeer kleine) Brain (= hersen) Dysfunction (= functiestoornis). Met de modernste methoden van hersenonderzoek kan men die stoornissen soms toch aantonen. Naast overbeweeglijkheid zal een dergelijk kind meestal nog andere problemen hebben.

Er zijn aanwijzingen dat de functiestoornis erin bestaat dat in een klein onderdeeltje van de hersenen een scheikundige stof (dopamine) onvoldoende wordt aangemaakt. Deze stof is nodig om de boodschappen goed van hersencel naar hersencel door te geven. Soms betreft het een rijpingsstoornis; in dat geval treedt er met het ouder worden verbetering op. In andere gevallen is de dysfunctie onherstelbaar. Het is ook mogelijk dat de zeer kleine hersenfunctiestoornis een erfelijke kwestie is. We hebben dan te maken met een combinatie van 1 en 3.

Voedselallergie

Als u niet gewend bent om koffie te drinken en u drinkt achter elkaar enkele koppen heel sterke koffie, dan kan het gebeuren dat u erg ongedurig, zo niet overbeweeglijk wordt en urenlang niet in slaap kunt komen. Die ongedurigheid wordt veroorzaakt door de opwekkende middelen in die drank. Sommige mensen worden al heel zenuwachtig van een half kopje koffie: we zeggen dan dat ze overgevoelig zijn voor koffie.

In de geneeskunde spreekt men van overgevoeligheid (allergie), als het lichaam heel overdreven reageert op minimale hoeveelheden van een stof. Bijv. als een bijesteek een heel rood been veroorzaakt in plaats van een rood bultje.

Sommige kinderen reageren op bepaalde kunstmatige kleurstoffen en conserveermiddelen overgevoelig en worden daarvan overbeweeglijk, en zo nu en dan zelfs agressief. Het betreft wel een kleine minderheid van de overbeweeglijke kinderen. In een heel zeldzaam geval kan het voorkomen dat een kind overgevoelig is voor natuurlijke voedingsmiddelen zoals melk of granen, ook zonder toegevoegde stoffen.

Zo'n overgevoeligheid op het spoor komen behoort tot het moeilijker speurwerk. Een allergoloog (= arts gespecialiseerd in allergieën) kan hierbij helpen. Vervelend is echter dat de veel toegepaste huidtesten onvoldoende houvast bieden: de huid kan overgevoelig reageren op stoffen die geen invloed hebben op het gedrag, terwijl omgekeerd stoffen die een heel duidelijke invloed hebben op het gedrag dikwijls geen reactie op de huid geven. Meestal komt men er pas achter met de hulp van een diëtiste die van dit soort speurwerk houdt. Zij kan met een streng 'nul-dieet' (= een dieet met vrijwel 0 procent kans op allergie) starten en er dan geleidelijk aan 'verdachte' stoffen aan toevoegen. Intussen scoort men dagelijks het gedrag van het kind. Zoals gezegd: het is een heel moeilijk karwei. Maar als de overbeweeglijkheid echt het gevolg van zo'n overgevoeligheid is, heeft het juiste dieet soms een opvallend positief resultaat. Een negenjarig jongetje bijv. functioneerde heel normaal op een additievenvrij dieet. Een 'snoep-reep' echter was voor hem voldoende om een halve dag lang overbeweeglijk en agressief te zijn.

Combinatie van oorzaken

Er kàn ook sprake zijn van een of meerdere combinaties van oorzaken. Die maken het onderzoek, de diagnose en de behandeling dikwijls erg moeilijk.

Voorbeeld 1
Werner is als gevolg van een kleine hersenfunctiestoornis overbeweeglijk. Hij heeft ook ernstige problemen bij het leren. Deze leermoeilijkheden zijn echter geen rechtstreeks gevolg van de zeer kleine hersenafwijking. Ze worden onrechtstreeks veroorzaakt door de overbeweeglijkheid.

FIGUUR 1

oorzaak ⟶ gevolg ⟶ onrechtstreeks gevolg

hersenstoornis ⟶ overbeweeglijk ⟶ leermoeilijkheden

Voorbeeld 2
Het kan in principe ook omgekeerd. Johan heeft een hersenstoornis die hem bij het leren hindert. Daardoor kan hij niet mee op school en wordt hij overbeweeglijk.

FIGUUR 2

oorzaak ⟶ gevolg ⟶ onrechtstreeks gevolg

hersenstoornis ⟶ leerstoornis ⟶ overbeweeglijkheid

Voorbeeld 3
In andere gevallen is de overbeweeglijkheid het gevolg van een samenloop van omstandigheden.
Hans is door erfelijke factoren heel beweeglijk. Hij groeit op in een gezin waar weinig structuur zit in de opvoeding. Daardoor loopt hij meer risico te reageren met overdreven en storende overbeweeglijkheid. Elke oorzaak afzonderlijk is onvoldoende sterk om storende overbeweeglijkheid te veroorzaken, maar beide oorzaken samen doen de balans doorslaan.

FIGUUR 3

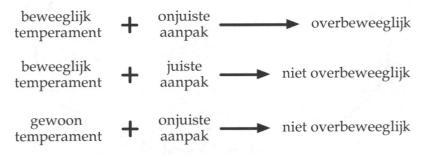

Voorbeeld 4
Er kunnen ook vicieuze cirkels ontstaan.
De moeilijkheden met een overbeweeglijk kind worden dikwijls nog erger door de negatieve invloed die zijn gedrag heeft op de ouders, het gezin en de leerkrachten. De ouders proberen van alles en nog wat, maar niets helpt. Ze beginnen elkaar soms verwijten te maken of worden er zelfs neerslachtig van. De sfeer in het gezin wordt negatief, het gezin wordt rommeliger. Dat is een ramp, want precies in zo'n gezinssituatie verergert het probleemgedrag van een overbeweeglijk kind. Op den duur

37

wordt het onmogelijk te achterhalen wat er het eerst was: de kip of het ei.

FIGUUR 4

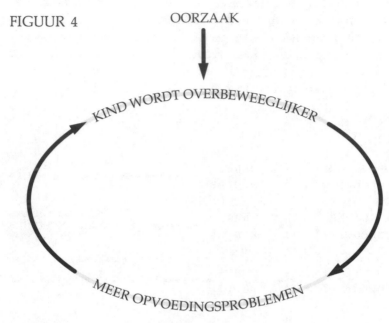

U zult begrijpen dat het dikwijls moeilijk is om uit te maken wat precies de oorzaak is van storende overbeweeglijkheid. Een overbeweeglijk kind dient daarom goed onderzocht te worden. Vooral in die gevallen waarbij er naast de overbeweeglijkheid andere problemen zijn en het misschien een ADHD-syndroom betreft. Geen enkele specialist kan dit alléén aan! Enkel een groep goed samenwerkende specialisten is in staat te achterhalen wat er precies aan scheelt. Ideaal gesproken bestaat een dergelijk gespecialiseerd team uit een kinderpsychiater, een orthopedagoog en/of een psycholoog. Eventueel aangevuld met een kinderarts, een kinderneuroloog of neuropediater, een psychomotorisch therapeut, een logopedist, en andere specialisten.

2. Hoe erg de overbeweeglijkheid wordt, is afhankelijk van een samenspel van omstandigheden

Het gedrag dat uw kind vertoont, is steeds afhankelijk van meerdere invloeden die terzelfder tijd inwerken. Een kind dat bijv. met een overbeweeglijk temperament geboren wordt, hoeft daarom niet noodzakelijkerwijs probleemgedrag te gaan vertonen. Dat hangt van heel wat meer factoren af.

Dit kunt u vergelijken met een kind dat geboren wordt met een bijzondere muzikale aanleg. Zo'n kind wordt niet meteen een Mozart of een van de Beatles. Om dit talent tot ontwikkeling te laten komen moet aan meerdere voorwaarden worden voldaan: zowel van de kant van het kind zelf (hij moet bijv. beschikken over voldoende intelligentie en doorzettingsvermogen) als van de omgeving van het kind (bijv. stimulans krijgen van muzikale ouders, een goede muziekschool bezoeken, enz.). Als we het verband bekijken tussen aanleg en opvoeding, dan zien we bij sommige kinderen dat de opvoeding de belangrijkste negatieve factor is. Als gevolg daarvan wordt het kind overbeweeglijk, hoewel er aan het kind zelf niets scheelt. Bij andere kinderen zijn eigenschappen van het kind zelf doorslaggevend, bijv. een kleine hersenfunctiestoornis. Het kind is overbeweeglijk, ook al zijn de ouders uitstekende opvoeders.

Om de zaak helemaal moeilijk te maken: al die oorzaken beïnvloeden nog eens elkaar. Ouders beïnvloeden niet alleen het kind, maar ook elkaar! Een kind met een aanleg om overbeweeglijk te zijn, zal een invloed uitoefenen op zijn ouders. Dit kan een negatieve invloed zijn, zodat goedwillende ouders door die overbeweeglijkheid op het verkeerde been worden gezet en ertoe komen hun kind verkeerd aan te pakken, waardoor het probleem nog verergert.

3. De precieze oorzaak van de overbeweeglijkheid is dikwijls niet op te sporen

Een probleem voor hulpverleners en onderzoekers is dat totaal verschillende oorzaken dezelfde gevolgen kunnen hebben. Dit geldt ook voor het probleem van overbeweeglijke kinderen. Stelt u zich voor: na een voetbalmatch in een reusachtig stadion vertrekken op de parkeerplaats honderden auto's. Tien auto's kunnen niet vertrekken, staan stil met pech. Het probleem is voor alle tien hetzelfde: de motor start niet. Dat is het meest opvallende verschijnsel (symptoom). De oorzaak echter kan voor elk van die tien verschillend zijn. Om de oorzaak op te sporen gaan we op zoek naar andere verschijnselen (symptomen). Sommige kunt u gewoon waarnemen: de benzinemeter staat op 0, de lichten branden niet, de uitlaat ruikt erg naar benzine, er springt geen vonk over van de bougie naar het motorblok. Met die observaties kunnen we soms de oorzaak achterhalen: geen benzine meer, batterij plat, motor verzopen, probleem met ontsteking.

Als we er zelf niet achter kunnen komen wat er aan de hand is, hebben we precieze instrumenten nodig: een testlamp, een compressiemeter, een spanningsmeter, een stroboscoop, enz... En als dat dan nog niet voldoende is, moet de auto naar een garage gebracht worden om met behulp van gespecialiseerde apparatuur nader onderzocht te worden.

Zo ongeveer gaat het ook met overbeweeglijkheid (symptoom). Bij tien kinderen met ogenschijnlijk precies dezelfde overbeweeglijkheid kan de oorzaak toch totaal verschillend zijn. Om de oorzaak op te sporen moeten we op zoek gaan naar nog andere verschijnselen. Als de bijkomende verschijnselen (symptomen) duidelijk waarneembaar zijn, is de oorzaak soms gemakkelijk te achterhalen. Bij neurologisch onderzoek van een overbeweeglijk kind worden bijv. op het EEG afwijkingen geconstateerd; dan kan de diagnose worden gesteld: een 'kleine hersenbeschadiging'.

Soms zien we precies dezelfde uiterlijke verschijnselen als bij een kleine hersenbeschadiging, maar kunnen we de beschadiging met een gewoon onderzoek niet aantonen, niet bewijzen! Het blijft dan bij een veronderstelling, een vermoeden. Dat vermoeden kan tegenwoordig soms bevestigd worden aan de hand van de meest moderne experimentele hersenonderzoeken.

Het duidelijkste bewijs dat er in de hersenen toch iets niet helemaal goed functioneert, wordt meestal geleverd door het *neuropsychologisch onderzoek*. Dit onderzoek geeft ons dan ook nuttige aanwijzingen voor de behandeling. Maar wat precies de oorzaak is — of het een kleine beschadiging dan wel een kleine dysfunctie is — dat kunnen we er niet mee achterhalen. Uit dit soort onderzoek kan bijv. wel naar voren komen of een concentratie- dan wel een coördinatiestoornis een rol van betekenis speelt. Die stoornis kan dan behandeld worden bijv. met behulp van orthopedagogische of orthodidactische methoden, of van een psychomotorische therapie. Gelukkig levert dat soms een mooi resultaat op, ook al is de oorzaak van de stoornis niet precies bekend.

4. Voor de opvoeders is het toch belangrijk zoveel mogelijk te achterhalen wat de oorzaak is van de problemen van hun kind

Sommige hulpverleners vragen ons waarom we ons zo inspannen om te achterhalen wat precies de oorzaak is van de problemen. Vooral omdat we aan de oorzaak op zichzelf in vele gevallen toch niets kunnen veranderen, de oorzaak op zich niet echt kunnen 'genezen'. Ze vinden het veel belangrijker eerst het probleemgedrag, de zwakke plekken en de sterke kanten van het overbeweeglijke kind te analyseren. En daarna alle energie

41

te richten op het zodanig bijstellen van de opvoedingssituatie dat het probleemgedrag vermindert of verdwijnt.

Deze mensen hebben volgens ons slechts gedeeltelijk gelijk. We zijn het met hen eens op het punt van eerst de problemen nauwkeurig te ontleden en vervolgens te zoeken naar de beste aanpak of therapie. Dat is inderdaad het belangrijkste. Ze hebben ook voor een deel ongelijk. Het blijft voor ons namelijk van belang om, voor zover mogelijk, na te gaan wat de oorzaak is, omdat daar soms wél wat aan te doen is.

Als een kind overbeweeglijk is door bijv. psychosociale oorzaken, dan mag men verwachten dat met het wegnemen van die oorzaken het hele probleem verbetert en zelfs voor honderd procent wordt opgelost. Twee derde van de overbeweeglijke kinderen behoort tot deze categorie. Met de juiste aanpak is dat in de meeste gevallen in enkele weken tot maanden verholpen en verdwijnt het probleemgedrag volledig.

Is echter een kleine hersenstoornis de oorzaak, dan staan de ouders en leerkrachten voor een heel andere opgave. Zelfs met de beste aanpak verdwijnt het probleem dan niet definitief. Van minuut tot minuut, van uur tot uur, dag in dag uit moet dit bijzonder kind op een speciale manier worden aangepakt. De ouders en de leerkrachten kunnen er alleen op rekenen dat ze met de juiste aanpak het probleem binnen de perken kunnen houden. Ze kunnen slechts hopen dat het zal verbeteren rond de puberteit, maar ook dat is niet zeker.

De ouders moeten weten dat er eventueel een kleine hersenafwijking in het spel is. Anders gaan ze zichzelf en elkaar nodeloos beschuldigen indien het probleem niet opgelost raakt. Schuldgevoelens en beschuldigingen maken het hele probleem er alleen maar erger op.

Voorbeeld
Vandaag zag ik Friezo terug, een dertienjarige jongen die helemaal vastgelopen was op school. Al vanaf de basisschool werd hij door de leerkrachten als lui en onwillig bestempeld, onder

meer omdat hij bij het schrijven letters uit woorden wegliet en omdat hij bij het lezen heel slecht zijn best deed.

Zijn ouders hadden heel wat specialisten geraadpleegd. Ze kregen van hen te horen dat het hun fout was en allerlei hulpverleners gaven hun opvoedkundige adviezen. Echter zonder resultaat: Friezo werd almaar lastiger en overbeweeglijker.

In de eerste klas van de middelbare school zei een leerkracht op een klasseraad dat hij weleens een leerstoornis kon hebben. Friezo werd naar onze polikliniek toe gestuurd.

Bij onderzoek bleek dat hij zowel een dyslexie als een ADHD had. Met medicijnen werd Friezo's gedrag normaal. Niet alleen was hij veel rustiger, maar ook gedroeg hij zich socialer en kon voor het eerst onafgebroken met zijn huiswerk bezig zijn. De dyslexie bleef onverminderd ernstig, maar omdat hij zich met medicijnen beter kon concentreren, ging het leren hem toch heel wat beter af en hadden de speciale lessen meer resultaat.

De ouders en opvoeders dienen, als het mogelijk is, de oorzaak ook te kennen om te vermijden dat ze te hoge of te lage verwachtingen koesteren ten aanzien van hun kind. Als we ons helemaal niet afvragen wat de oorzaak is, bestaat bovendien de kans dat we enerzijds te weinig eisen stellen als er wél wat aan te doen is, anderzijds te hoge eisen stellen bij problemen waar het kind zelf weinig aan kan doen.

We vinden het ook belangrijk zoveel mogelijk te achterhalen wat eventueel de oorzaak is, omdat drie vierde van de kinderen met een ADHD zeer goed geholpen kan worden met een geneesmiddel. In het algemeen zijn we echter zeer fel gekant tegen het geven van geneesmiddelen aan kinderen. Daarom willen we vermijden geneesmiddelen te geven aan kinderen die het niet echt nodig hebben. Kinderen die overbeweeglijk zijn louter ten gevolge van psychosociale factoren, mogen geen geneesmiddelen voorgeschreven krijgen.

Tenslotte willen we naar de oorzaak blijven zoeken en naar methoden om de oorzaak te achterhalen, om op die manier kleine afwijkingen steeds beter te leren kennen. Door voortgaand onderzoek hopen we ze mettertijd beter te kunnen behandelen en zo mogelijk te voorkomen.

Samenvatting

Overbeweeglijkheid kan veroorzaakt worden door heel verschillende oorzaken:
— psychosociale oorzaken
— erfelijke factoren
— hersenbeschadiging
— hersendysfunctie
— voedselallergie
— combinatie van oorzaken
De ernst van de verschijnselen is afhankelijk van een samenspel van omstandigheden. De opvoeding speelt hierin een zeer belangrijke rol. De juiste oorzaak kunnen we dikwijls niet achterhalen. Gelukkig levert het onderzoek ons meestal toch wel richtlijnen op voor de behandeling.

TWEEDE HOOFDSTUK

Hoe u een kind het best iets kunt aanleren[1]

Ouders van overbeweeglijke kinderen krijgen gemakkelijk het advies 'heb toch wat geduld met uw kind'. Jan en alleman denken het allemaal beter te kunnen en staan ongevraagd klaar met hun huis-, tuin- en keukenadviezen. Geduld is mooi, maar daarmee lost u de problemen van een overbeweeglijk kind en zeker van een overbeweeglijk ADHD-kind niet op. De gewone huismiddeltjes waarmee de meeste ouders hun kinderen goed weten op te voeden, volstaan bij deze kinderen niet. En toch is het mogelijk ook het gedrag van deze kinderen in de juiste banen te leiden, indien u zich wat strikter houdt aan de regels van het sociaal leren. Dat zijn regels die wetenschappers ontdekten, toen ze gingen onderzoeken op welke manieren mensen op de meest efficiënte wijze elkaar gedrag aan- en afleren.

1. Gedrag is iets dat u kunt waarnemen

Als ouder probeert u aan een bepaald gedrag van uw kind een betekenis te geven. U tracht de eigenlijke achtergronden van dat gedrag te achterhalen, want u wilt het verstandelijk kunnen verklaren. U wilt de motieven van uw kind kennen. Dat is moeilijk. Als uw kind schreeuwt, veronderstelt u dat het boos is. Huilt het, dan denkt u dat het pijn heeft. Maar u bent er zelden echt zeker van. Als uw kind in het donker in zijn bed

---

[1] In het tweede en derde hoofdstuk vindt u praktische adviezen over hoe u uw overbeweeglijk kind kunt aanpakken. Deze hoofdstukken zijn een bewerking van onderdelen uit het boek *Je kind kan het zelf* door M. Bisschop en T. Compernolle (Standaard Uitgeverij Antwerpen, 1989).

ligt en huilt, is het misschien bang. Maar misschien verveelt het zich, misschien is het niet graag alleen, misschien heeft het honger, misschien heeft het een hekel aan het geruzie tussen vader en moeder... misschien... misschien... misschien!
We moeten 'waarneming' en 'veronderstelling' duidelijk schei-den van elkaar en ze niet met elkaar verwarren. Boosheid is geen gedrag. Wat we wel kunnen zien is schelden, schoppen en slaan: dát is gedrag, dát biedt het meeste houvast voor verande-ring. Het hebben van een boos gevoel kunnen en moeten we een kind niet afleren, schoppen en schelden wel.

2. Gedrag is iets dat nooit alleen staat

Als we de omgeving van het kind, de context van zijn gedrag onderzoeken, kunnen we (misschien) uitmaken of het kind echt bang is, of dat we voor zijn gedrag een andere verklaring moeten zien te vinden. Als een kind overbeweeglijk is, kan dat het gevolg zijn van heel veel invloeden. Om het gedrag van een overbeweeglijk kind goed te begrijpen, moet u terdege rekening houden met de situatie waarin dat gedrag ontstaat: in het gezin, op school of bij vrienden. *We moeten het gedrag van een overbeweeglijk kind altijd zien in zijn context.*

Voorbeeld
De leerkracht van Guus (derde studiejaar) had heel wat klach-ten over diens overbeweeglijkheid en onrust. De ouders hielden vol dat er thuis op dat gebied geen enkel probleem was. We vroegen ons af hoe het kon dat de problemen in de context van de school zoveel slechter konden zijn dan in die van thuis. Er werd een psychologisch onderzoek gedaan, maar dat bood geen aanknopingspunten. Daarna vroegen we een jonge collega om eens een kijkje te gaan nemen op de school van Guus. Daar ontdekte zij dat Guus door een andere jongen getiranniseerd

werd. Guus zelf had daar nooit iets over verteld en de leerkrachten hadden het niet opgemerkt. Toen onze collega aan Guus vertelde wat ze gezien had, barstte deze in tranen uit en kwam hij met een lang verhaal van pesterijen en chantage. Omdat de leerkrachten tot weinig medewerking bereid waren om dit probleem op te lossen, plaatsten de ouders Guus op een andere school. De onrust en overbeweeglijkheid verdwenen op slag.

3. Gedrag is iets dat aangeleerd wordt

Een kind leert lopen, leert het toilet te gebruiken, leert zichzelf aan te kleden, leert lezen, schrijven, enz. Een kind leert dat van zijn omgeving. Gedrag wordt aangeleerd. *Ook overbeweeglijkheid, dit is: overbeweeglijk gedrag, kan aangeleerd worden!* Bij andere kinderen kunnen leerprocessen de overbeweeglijkheid als gevolg van een hersendysfunctie verergeren.

We moeten ons wel steeds afvragen over welke vaardigheden het kind beschikt, wil hij een nieuw gedrag aanleren. Vooral bij een overbeweeglijk kind met een ADHD hebben we een goed onderzoek door verschillende specialisten nodig om te achterhalen wat precies de zwakke en de sterke kanten zijn, wat we van het kind mogen verwachten en wat niet.

4. Kinderen leren van anderen en omgekeerd

Kinderen leren van andere kinderen en van volwassenen. Als u snel geïrriteerd reageert, is de kans groot dat ook uw kind snel geïrriteerd raakt. Als u gemakkelijk slaat, is de kans groot dat uw kind ook agressief leert zijn. Als een ouder ongedurig en overbeweeglijk is, kan een kind dit ook 'leren'.
Volwassenen leren ook van hun kinderen! Bijv. Piet loopt thuis ongedurig rond als een kip zonder kop. Vader geeft hem een

flinke mep. Piet stopt. Door te stoppen leert Piet aan vader dat slaan in zo'n situatie een goede methode is om het rondhollen een halt toe te roepen, ook al begint het rondhollen even later opnieuw.

5. Leren is in het begin vooral: nabootsen

Leren begint met nabootsen. Als uw kind een gewenst gedrag nabootst, moedig zijn pogingen dan aan, ook al is het resultaat in uw ogen nog zo onvolledig en teleurstellend. Het kan natuurlijk gebeuren dat er spontaan weinig van dat nabootsen terechtkomt. Dan kunt u uw kind helpen door het eerst samen te doen. Vergeet ook in deze fase de beloning niet! We moeten in het oog houden dat de eerste fase van het leren de nabootsing is. *Belonen van het nabootsen is een stimulans om verder te leren.*

6. Nieuw gedrag moet u heel concreet en eenvoudig maken

'Stil zitten': wat is dat precies?
'Rustig zijn': maak een kind maar eens duidelijk wat u daarmee bedoelt!
En duidelijk moet u zijn voor een kind! Nieuw gedrag, elk gedrag dat u uw kind wilt aanleren, moet u eerst en vooral omschrijven in heel eenvoudige termen. Op zo'n manier dat iedereen ondubbelzinnig begrijpt wat u bedoelt en het precies kan navertellen.

Voorbeeld
De ouders van Bart vinden dat hij veel vriendelijker moet zijn. Ze hadden hem dat al honderden malen gevraagd, echter zonder resultaat. Waar ze onvoldoende bij stil hadden gestaan

was dat 'vriendelijk zijn' een veel te vage omschrijving van het doel is dat hun voor ogen staat. Vriendelijk zijn houdt voor iedereen net even iets anders in. Een dergelijk vaag geformuleerd gedrag kan een kind niet aanleren. Daarom moesten Barts ouders eerst eens voor zichzelf nagaan wat ze precies met dat vriendelijker zijn bedoelden. Houdt dat in: niet tegenspreken, je broertje niet schoppen, de deuren zachtjes dichtdoen, helpen met het afruimen van de tafel, je speelgoed delen met andere kinderen...? Zo ja, dan zijn dat allemaal pas concrete, herkenbare gedragingen. Nadat de doelstellingen in duidelijke termen gesteld waren en het gedrag op die manier aangepakt werd, begon Barts gedrag te verbeteren.

Vooral voor een overbeweeglijk kind met ADHD is het belangrijk dat de opdrachten enkelvoudig en super-eenvoudig zijn. Schrijf ze op: beter een lijstje van zeer eenvoudige opdrachtjes dan één moeilijke opdracht. Deze kleine stukjes, deze deelgedragingen, die uiteindelijk samen een gedrag vormen, kunnen een kind veel sneller en vlotter aangeleerd worden dan een ingewikkeld gedrag.

U dient een ingewikkeld gedrag inderdaad eerst ontleed te hebben, dat is: in kleinere stappen opgesplitst, voor u het uw kind begint aan te leren. Dan beseft u ook beter hoe moeilijk het leren van zo'n ingewikkeld gedrag wel is en welke weg het kind heeft af te leggen, voordat het zijn en uw doel heeft bereikt. Dan wordt het u ook duidelijk dat u onmogelijk alles ineens kunt willen. De kans op succes wordt groter, naarmate u het eenvoudiger houdt, wanneer u het kind één, hooguit twee deelgedragingen tegelijkertijd gaat aanleren.

U zult als ouders ook samen moeten beslissen wat uw prioriteiten zijn, welk gedrag u eerst wilt aanpakken. Zeker met een overbeweeglijk kind kunt u hem niet drie, vier dingen tegelijk aan- of afleren. U zult moeten kiezen en het hierover ook met elkaar eens moeten zijn. Als uw kind voortdurend rondholt, ongehoorzaam is, scheldt, vecht, zijn schoolwerk niet maakt en zijn kleren laat rondslingeren, zult u eerst met elkaar moeten beslissen wat u het eerst gaat aanpakken. Gehoorzamen is meestal de eerste keuze.

Nieuw gedrag kunt u pas goed aanleren, als het in hanteerbare stapjes is opgedeeld en in heel eenvoudige, praktische woorden is omschreven.

7. Voor het aanleren van nieuw gedrag is aanmoediging nodig

Een kind krijgt enorm veel te leren. Wonderbaarlijk eigenlijk dat hij er maar zelden echt de bru aan geeft. Kijk maar eens naar het verschil tussen een kind van vier maanden en een van vier jaar! Bijna al die gedragingen heeft het kind geleerd. We vinden dat normaal maar in feite is het een wonder.

Uw kind leerde kruipen, staan, lopen, praten, zich aankleden, zindelijk zijn, omgaan met anderen, gehoorzamen, alleen blijven... Een eindeloze lijst van telkens weer totaal nieuwe dingen, nieuwe gedragingen. Allemaal geleerd dank zij een niet-aflatende inspanning. Uw kind volhardt in zijn pogingen, doordat het van u een hoop aanmoedigingen krijgt of omdat het gedrag zichzelf beloont.

Een aanmoediging is een vorm van beloning. Telkens als uw kind iets doet en daarvoor een beloning krijgt, zal hij aangemoedigd worden om datzelfde nog eens te doen. Het beter te doen. Hij zal zelfs proberen er iets nieuws bij te doen. Ouders leren hun kind spontaan gedrag aan door hem spontaan aan te moedigen en te belonen.

Voorbeeld
Vader staat op het bruggetje naar het verkeer te kijken, wijdbeens met zijn handen op zijn rug. De kleine Ruud komt naast hem staan, even wijdbeens, zijn handjes op zijn rug.

50

Moeder vindt dat een schattig tafereeltje, lacht naar Ruud, aait hem over zijn bol en zegt: 'Grote vent, je lijkt op je vader!' Ruud kijkt trots naar zijn vader.

Door moeders gedrag is de kans groot dat Ruud nog veel meer gedrag van vader zal imiteren; gestimuleerd door moeder zal hij nog veel meer van vader leren.

De gouden regel van het aanleren luidt: *als een gedrag meteen aangemoedigd wordt, vergroot de kans dat het herhaald zal worden.*

Gedrag wordt aangemoedigd als het een prettig gevolg heeft. Een 'goed zo', een zoen, een 'dankjewel', een snoepje, een knipoog, bewonderende blikken, een extraatje, enz... zijn allemaal beloningen voor een gewenst gedrag.

Gedrag wordt ook aangemoedigd als het tot gevolg heeft dat een niet-prettige situatie ophoudt te bestaan. Eten maakt een eind aan hongergevoel; gehoorzamen doet het gezeur van vader of moeder ophouden; de deur openkrijgen bevredigt de nieuwsgierigheid.

Ouders vinden het soms niet nodig hun kind aan te moedigen, laat staan te belonen, wanneer hij iets doet dat 'normaal' is, dat hij uiteindelijk toch gewoon maar moet doen. Ze vinden het dan overbodig, ook wel een beetje abnormaal, om hun kind ertoe aan te sporen iets goed te doen. Terwijl ze het de gewoonste zaak van de wereld vinden hun kind te straffen, als hij iets niet goed doet of helemaal niet doet. Met andere woorden: ze vinden straffen heel gewoon en belonen abnormaal. Dat klinkt hard maar we zien het dikwijls gebeuren. Het zit in onze cultuur ingebakken om veel meer te letten op wat iemand verkeerd doet en hem daarvoor te straffen dan hem een complimentje te geven voor wat hij goed doet. Dit is niet de juiste tactiek.

Uit wetenschappelijk onderzoek hebben we wat dat betreft aardig wat geleerd:

51

1. Gewenst gedrag kan moeilijk zonder enige aanmoediging of beloning aangeleerd worden.

2. Straf doet dikwijls ongewenst gedrag toenemen (levert dus een averechts effect op).

3. Het geven van aanmoedigingen draagt bij tot een plezierige, positieve sfeer waarin het aanleren van nieuw gedrag zowel voor het kind als voor zijn ouders als prettig ervaren wordt.

4. Straf ondermijnt de positieve invloed van de ouders.

5. Ouders die hun kinderen aanmoedigen, krijgen op hun beurt zelf ook de meeste aanmoediging terug. Ze worden door hun kinderen beloond.

6. Mensen kiezen die mensen tot vriend, die hun het meest aanmoedigen.

7. Aanmoedigen geeft een kind zelfvertrouwen. Het kind zal sneller leren zichzelf te behelpen. Aanmoedigen stimuleert zijn creativiteit en zijn bereidheid om initiatieven te nemen. Veel straf krijgen ondermijnt het zelfvertrouwen en werkt afremmend.

Het geven van aanmoediging is voor een overbeweeglijk kind wel honderd keer belangrijker dan voor een ander kind!! Ook al doet hij zijn best, dan gaat er zoveel fout dat zijn zelfvertrouwen er voortdurend door ondermijnd wordt. Dat zelfvertrouwen is niettemin enorm belangrijk, daarom: *moedig aan*! We moedigen als ouder heel wat gedragingen van onze kinderen spontaan aan. Maar we kunnen dat ook wat bewuster doen, wat beter georganiseerd.

Aanmoediging en beloning hebben niets te maken met verwennen. U verwent uw kind pas wanneer u hem aanmoedigt en beloont, ook als hij zich *niet* goed gedraagt (zie: hoofdstuk 3).

8. Sociale aanmoedigingen zijn de beste

Als we het hebben over aanmoedigen en belonen, denkt u

wellicht gauw aan geld, aan waardevolle geschenken. Dit soort beloningen noemen we 'materiële' aanmoediging. Andere aanmoedigingen van materiële aard zijn bijv.: snoepjes, chips, stukjes fruit, goede punten, stripverhalen, kleinere stukken speelgoed, enz. Materiële aanmoedigingen zijn tastbaar, zowel voor de gever als voor de ontvanger.

Er bestaan andere vormen van aanmoedigen en belonen, namelijk het geven van aandacht, zoals aanraken, aaien, strelen, zoenen, lachen, bewonderend kijken, prijzen, in de handen klappen, juichen... We noemen dit pakket de 'sociale aanmoedigingen'. Ze zijn niet echt tastbaar, ze hebben een andere waarde dan de materiële aanmoedigingen. Sociale aanmoedigingen kosten niets. We hebben ze altijd bij de hand ook, en nog wel in een onuitputtelijke voorraad. U geeft er wel honderd van per dag, u krijgt er hopelijk ook evenveel terug. Zonder sociale aanmoediging zouden we compleet stilvallen.

Zo is het doodgewoon geven van aandacht een heel belangrijke sociale aanmoediging. Even belangrijk als eten en drinken!

Straf is niet prettig, maar is wel een vorm van aandacht geven. Vandaar dat straf soms een aanmoediging wordt om te volharden in ongewenst gedrag, vooral als het kind in kwestie weinig prettige aandacht krijgt.

Naast materiële en sociale aanmoedigingen kennen we nog een derde vorm van beloning: de aanmoedigende activiteit. Daarmee bedoelen we bijv.: samen een wandeling maken; met vaders rekenmachientje mogen spelen; een half uurtje langer opblijven.

Voor overbeweeglijke kinderen zullen we — zeker in de beginfase van het iets nieuws aanleren — dikwijls materiële aanmoedigingen moeten gebruiken. Het voordeel van een materiële aanmoediging is dat dit een duidelijk en concreet belonend gebaar is. U geeft iets concreets in ruil voor iets concreets. Materiële aanmoedigingen zijn ook dikwijls nuttig, als de relatie tussen ouder en kind zo onaangenaam is geworden dat vriendelijkheid en/of andere sociale aanmoedigingen geen of zelfs een averechts effect hebben.

Een van de fijnste aanmoedigingen is wel dat u merkt dat u succes hebt. Dat geldt ook voor uw kind. Daarom moet uw kind een reële kans krijgen om te slagen, om succes te hebben. De weg naar het einddoel moet dan ook in kleine stapjes worden verdeeld zodat elk stapje met succes beëindigd kan worden.

9. Altijd meteen aanmoedigen en uw aanmoediging blijven herhalen

Aanmoedigen moet u consequent doen en gedurende een langere periode herhalen. Uw kind gaat na verloop van tijd het verband inzien tussen zijn gedrag en de beloning die hij krijgt. Dat verband moet ondubbelzinnig, duidelijk herkenbaar zijn. U moet uw kind echt 'op Beterdaad betrappen'! Als u tussen gedrag en aanmoediging een te lange tijd laat verlopen, verdwijnt dat verband, zeker voor een overbeweeglijk kind dat het moeilijk heeft zijn aandacht bij één ding te houden.

Sommige beloningen kunnen onmogelijk elke dag herhaald worden, bijv. naar de Efteling of naar Walibi gaan, gaan winkelen, samen gaan zwemmen. In dat geval kunt u een soort spaarsysteem invoeren. Te denken valt aan het sparen van bonnetjes: een van tevoren afgesproken (!) aantal bonnetjes geeft dan recht op de uiteindelijke beloning.

Voorbeeld 1

De ouders van Piet (13 jaar), een echt kruidje-roer-me-niet, waren heel erg gedesillusioneerd. Piet wou namelijk graag een nieuwe fiets. Zijn ouders dachten dat de vervulling van die wens Piet zou motiveren om minder agressief te zijn. Ze beloofden hem de fiets voor zijn verjaardag, op voorwaarde dat er in het volgende half jaar geen uitbarstingen van agressie meer zouden komen. Maar... Piet was de dag na het stellen van die voorwaarde al flink agressief geweest.

Een beloning die een half jaar later komt, werkt gewoon niet bij de meeste (overbeweeglijke) kinderen. Samen met zijn ouders maakten we een nieuw plan. Piet tekende op een groot vel papier een fiets in een landschap. Deze tekening werd als een puzzel in stukjes geknipt. De afspraak werd gemaakt dat hij voor elke twee dagen zonder agressie een stukje van de puzzel zou krijgen. Dat stukje werd opgeplakt op een ander groot vel papier dat aan de muur was opgehangen. Als de tekening compleet was, zou Piet zijn fiets krijgen. Hij kreeg alvast een eerste stukje (gratis) om de puzzel te starten.

Op die manier konden de ouders het goede gedrag meteen aanmoedigen en werd diezelfde fiets wél heel motiverend.

Hoe moeilijker een kind iets nieuws aanleert, hoe strikter u zich dient te houden aan de regel: *beter veel kleine aanmoedigingen en beloningen telkens en meteen, dan één grote na verloop van tijd.* Pas wanneer het kind een bepaald gedrag goed beheerst, mag u de beloning af en toe eens nalaten. Als uw kind het eenmaal goed doet, dan is het zelfs belangrijk niet meer de hele tijd te belonen, maar nog slechts zo af en toe. Het nieuw aangeleerde gedrag blijft dan zelfs beter 'hangen' dan als u telkens blijft belonen.

Voorbeeld 2
Kleine Jan had moeite met gehoorzamen. Telkens als hij er toch in slaagde om gehoorzaam te zijn, kreeg hij van zijn ouders één Lego-blokje. Uiteindelijk had hij een heel stel blokjes bij elkaar. Voor Jan was dat een waardevolle, duidelijke en begrijpelijke beloning. Veel meer dan wanneer hij bijv. na twee maanden gehoorzaam gedrag ineens een enorm grote doos Lego zou hebben gekregen. Jan zag nu duidelijk het verband tussen losse, gehoorzame gedragingen en de directe beloning met een Lego-

blokje. Hij zou nooit het verband hebben kunnen zien tussen gehoorzaam gedrag gedurende twee maanden en de overweldigende beloning met een enorm grote doos.

10. Het doelgedrag bereiken met kleine stapjes

Succes baart succes ! Nieuw gedrag dat u uw kind wilt aanleren, moet u daarom eerst in kleine partjes, in verteerbare brokjes als het ware, opdelen. Zo klein dat het kind ze stuk voor stuk aankan en succes en een aanmoediging (beloning) op een reële manier binnen zijn bereik liggen. U moet een bepaald gedrag dus opdelen in zogenaamd deelgedrag. Stapje voor stapje, van succesje naar succesje werkend.

Voorbeeld
Paul was in een heel enge droom wakker geworden. Omdat hij angstig bleef namen zijn ouders hem in bed. De volgende dag wou hij niet in zijn eigen bed slapen omdat hij nog zo bang was. Drie maanden later sliep hij nog steeds in het bed van zijn ouders. Al hun pogingen om hem in zijn eigen bed te laten slapen lokten zo'n heftige angst- en huilscènes en slapeloze nachten uit, dat hij toch weer bij zijn ouders in bed belandde. Beloningen, boze reacties en straffen haalden niets uit.
Bij Paul hebben we de 'stapjesregel' heel letterlijk toegepast. De eerste stap werd: in de kamer van de ouders maar op een matras naast moeders bed. Vader trok met een krijtje een lijn van hun kamer naar Pauls kamer en daarop ± elke meter een dwarsstreepje. Elke avond schoof Paul met zijn matras een meter in de richting van zijn eigen kamer. Voor elke geslaagde stap werd hij 's ochtends enthousiast geprezen en kreeg hij een sticker en mocht hij vijftien minuten langer opblijven... 'want, als je zo goed slaapt heb je ook minder slaap nodig'. Na tien dagen sliep Paul met een nachtlichtje weer in zijn eigen bed.

Wat ineens niet lukte, ook niet met flinke beloningen in het vooruitzicht gesteld, slaagde wél in kleine stapjes.

11. Meestal begint u met het aanleren van de laatste stap

Spontaan zijn we geneigd een kind iets aan te leren door hem te laten beginnen daar waar wijzelf de handeling zouden beginnen. Beter is het om van achteren naar voren te leren. Als u een gedrag kunt opdelen in stapjes en kunt beginnen met het kind *het laatste stapje het eerst aan te leren*, dan is dat de gemakkelijkste methode!!!
U doet de eerste maal alles samen (bijv. jas aantrekken). Dan doet uw kind het laatste stapje (bijv. rits van halverwege tot bovenaan toe trekken); daar wordt hij voor aangemoedigd. Daarna doet u het weer samen en uw kind doet zelf het voorlaatste en het laatste stapje (bijv. rits helemaal dichtdoen), enz...[2]
Het grote voordeel van 'het van achteren naar voren werken' is dat de nieuwe stap altijd gevolgd wordt door iets dat uw kind reeds kent! Het eindigt dus altijd met een succes en een verdiende beloning!
Als het niet mogelijk is om bij de laatste stap te beginnen (bijv. als de laatste stap is dat het kind in zijn eigen bed moet leren slapen), dan begint u met wat het kind al doet of kan. U vordert dan stapje voor stapje in de richting van het doel, elk stapje aanmoedigend.
Sommige ouders hebben grote moeite tevreden te zijn met zo'n klein stapje en dit al als een succes te beschouwen. Maar als u te veel ineens wilt bereiken, is de kans levensgroot dat u van

---

[2] Een hele reeks in stripverhaal uitgetekende voorbeelden hiervan vindt u in ons handige boek: *Je kind kan het zelf* door M. Bisschop en T. Compernolle (Standaard Uitgeverij Antwerpen, 1989). Een demonstratie-videotape met dezelfde naam kan worden geleend van de Audio-visuele Dienst van de Katholieke Universiteit te Leuven.

mislukking naar mislukking loopt, terwijl het zoveel plezieriger en efficiënter is van succesje naar succesje toe te werken.

12. Gedrag kunt u beïnvloeden door de situatie te veranderen waarin het uitlokken plaatsvindt

Als we willen begrijpen waarom een kind iets aanleert en vooral iets blijft doen, moeten we niet alleen letten op het aanmoedigen ervan maar ook op de omstandigheden waaronder het een en ander plaatsvindt. Als uw kind iets doet, doet hij dit dikwijls, omdat het door de situatie wordt uitgelokt (en omdat hij ertoe aangemoedigd wordt).

FIGUUR 5

Veel overbeweeglijke kinderen hebben grote moeite om zich te concentreren. We kunnen hen helpen door te beginnen met korte opdrachten en hen vervolgens tot steeds langere periodes van goede concentratie aan te moedigen.

We kunnen hen ook op een andere manier helpen: we passen de situatie zodanig aan dat hun aandacht vanzelf al groter is doordat we elke vorm van afleiding uitschakelen. Bijv.: voor het maken van schooltaken kunnen we een prikkelarme hoek of kamertje inrichten. Als het kamertje alléén daarvoor dient en het kind stapje voor stapje geleerd heeft zich in dat kamertje goed te concentreren, dan kan er op den duur een automatisme, een soort reflex ontstaan. Dat zorgt ervoor dat het kind zich al geconcentreerd voelt zodra hij dat kamertje binnenkomt. Het kamertje wordt dan een plek waar het kind geprikkeld wordt tot geconcentreerd bezig zijn (Dat verschijnsel wordt een 'geconditioneerde reflex' genoemd).

FIGUUR 6

in het begin:

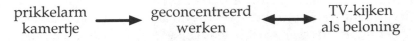

prikkelarm   ⟶   geconcentreerd   ⟷   TV-kijken
 kamertje   werken   als beloning

wordt na verloop van tijd:

prikkelarm   ⟶   geconcentreerd
 kamertje   werken

Hetzelfde geldt ook voor het gebruik van signalen (zie: vierde hoofdstuk, paragraaf 4): ze kunnen soms het gewenste gedrag meteen uitlokken als in een soort reflex. Op voorwaarde dat niet vergeten wordt af en toe eens te belonen.

13. Wat te doen als aanmoedigingen een averechts effect hebben

Soms doen beloningen het gewenste gedrag verminderen! Aanmoedigingen kunnen soms een totaal tegenovergesteld effect hebben en het is vaak moeilijk te achterhalen hoe dat komt. Een verklaring kan zijn dat u er als ouder niet altijd in slaagt aanmoediging en ontmoediging (bijv. straf) duidelijk van elkaar gescheiden te houden. Als u op ongewenst gedrag altijd eerst vriendelijk reageert (door uw kind vriendelijk te vragen ermee op te houden) en dan snel boos wordt wanneer uw kind niet op uw vriendelijk verzoek ingaat, dan gaat het kind denken: pas op voor die volwassenen. Eerst zijn ze lief, maar even later worden ze boos en krijg je straf. Uw vriendelijke houding wordt 'besmet' met onvriendelijkheid.

Andersom kan het natuurlijk ook. U wordt meteen boos naar aanleiding van ongewenst gedrag, maar u krijgt snel spijt en doet meteen daarna weer vriendelijk. Uw kind kan zich ongewenst gaan gedragen om die vriendelijkheid uit te lokken, terwijl hij de boosheid die eraan voorafgaat, op de koop toe neemt. Uw ontmoediging wordt op die manier aanmoediging.

Het kan dus voorkomen dat aanmoediging en ontmoediging beide een averechts effect hebben. Dat wil zeggen: aanmoediging (beloning) doet gewenst gedrag afnemen, en ontmoediging (straf) doet ongewenst gedrag toenemen. In zo'n situatie moet u echt aan de alarmbel trekken. Eventueel zult u dan een beroep moeten doen op specialistische hulp.

In ieder geval dient u er dan aan te werken om een zeer duidelijke scheiding te gaan maken tussen ontmoediging (straf) en aanmoediging (beloning). U kunt in het begin zelfs beter wat overdrijven (bijv. met een reeks materiële aanmoedigingen). *Geleidelijk aan* voegt u dan andere vormen van aandacht toe. Eerst een opmerking in de zin van 'goed zo', dan een streling, een zoen, enz. Maar echt geleidelijk aan en uitsluitend naar aanleiding van één welbepaald gewenst gedrag.

U beloont het gewenste gedrag dus steeds onmiddellijk en in overdreven mate met een ondubbelzinnige, materiële aanmoediging. Pas later volgen dan andere vormen van aandacht.

Om het probleem (aanmoedigingen hebben een averechts effect) op te lossen, kunt u het best beginnen met het aanmoedigen van heel eenvoudig gedrag. Gedrag dat uw kind al tamelijk dikwijls doet, zodat u volop gelegenheid hebt dit aan te moedigen.

Als ontmoedigingen (straf) het effect hebben gekregen van een aanmoediging, zult u volledig moeten stoppen met mopperen, zeuren, boos worden, enz. U moet proberen straf duidelijk als straf herkenbaar te maken. Soms is daarbij voor korte tijd een lichte pijnprikkel nodig. Slaan is niet goed, omdat het moeilijk te doseren is; men 'verliest' zichzelf er gauw bij.

Sommige ouders wisten bij jonge kinderen uit deze wat netelige situatie te stappen door als pijnprikkel een 'pits' te gebruiken (= wijs- of middelvinger tegen de tip van de duim drukken en tegen de huid van het kind laten schieten). Anderen geven een klap op de handrug. Zonodig gebruikt u TAVA (meer hierover in het derde hoofdstuk).

Er zijn ouders die denken dat een goede straf flink pijn moet doen. Dat is niet zo. Het belangrijkste is dat u uw afkeuring ondubbelzinnig laat blijken en dat u dat heel consequent doet. Geweld is daar niet bij nodig.

Het belangrijkste is dat u een duidelijke scheiding aanbrengt tussen beloning en straf, tussen aanmoediging en ontmoediging. Beloning (aanmoediging) hoort bij gewenst gedrag, straf (ontmoediging) hoort bij ongewenst gedrag. In het derde hoofdstuk leggen we uit hoe ouders zonder er erg in te hebben, dikwijls ON-gewenst gedrag AAN-moedigen.

14. ADHD-kinderen leren moeilijker iets aan dan andere kinderen

De richtlijnen, beschreven in dit hoofdstuk, gelden voor alle kinderen. Uit de beschrijving van de problemen van een ADHD-kind in het zesde hoofdstuk zult u wel begrijpen dat het voor een dergelijk kind veel moeilijker is om iets nieuws aan te leren, te onthouden en goed te blijven doen dan voor een zogenaamd 'normaal' kind. Bij gewone overbeweeglijke kinderen kunnen de ouders vanaf het moment dat het gedrag verbeterd is, de regels soepeler gaan toepassen. Bij ADHD-kinderen dienen de regels veel langer en strikter te worden aangehouden.

Samenvatting

Enkele principes waar u rekening mee moet houden als u een kind vlot iets wilt aanleren.
1. Gedrag is iets dat u kunt waarnemen.
2. Gedrag begrijpt u beter als u de situatie goed observeert.
3. Gedrag is iets dat aangeleerd wordt.
4. Kinderen leren van anderen en omgekeerd.
5. Leren is in het begin vooral: nabootsen.
6. Nieuw gedrag moet u heel concreet en eenvoudig maken.
7. Voor het aanleren van gedrag is aanmoediging nodig.
8. Sociale aanmoedigingen zijn de beste.
9. Altijd meteen aanmoedigen en uw aanmoediging blijven herhalen.
10. Het doelgedrag bereiken met kleine stapjes.
11. Als het kan: de stapjes aanleren van achteren naar voren.
12. Houd ook de context, de omstandigheden in het oog, ze kunnen helpen het gewenste gedrag uit te lokken.
13. Als aanmoedigingen een averechts effect hebben, moeten aanmoedigingen (beloningen) en ontmoedigingen (straf) overduidelijk van elkaar gescheiden worden.
14. ADHD-kinderen leren moeilijker iets aan dan andere kinderen.

DERDE HOOFDSTUK
Hoe u uw kind het snelst
iets kunt afleren

1. Hoe ongewenst gedrag in stand wordt gehouden

Ongewenst gedrag wordt meestal uitgelokt door bepaalde omstandigheden. Daarom zult u extra moeten letten op de details van de uitlokkende situaties.
Ongewenst gedrag wordt ook aangemoedigd door de positieve gevolgen ervan. Dat klinkt gek, maar het is een feit dat we als ouders 'onnadenkend' het ongewenste gedrag van onze kinderen veel meer aanmoedigen en belonen dan we beseffen.

FIGUUR 7

Om ongewenst gedrag af te leren, kunnen we dus iets doen met de aanmoediging en/of met de uitlokkende situatie. Voor een goed inzicht in die uitlokkende situatie is hulp van een (onpartijdige) buitenstaander soms erg nuttig: als u zelf deel uitmaakt van de uitlokkende situatie, is het moeilijk uw eigen aandeel erin precies te achterhalen.

Ongewenst gedrag wordt meer aangemoedigd dan u denkt

Als een bepaald gedrag in het verleden prettige gevolgen had, is de kans erg groot dat het in de toekomst zal worden herhaald.

63

Dit is een belangrijke spelregel bij het aanleren van gewenst gedrag. Het is een even belangrijke regel voor het in stand houden van ongewenst gedrag.

Veel ongewenst gedrag heeft van zichzelf al aanmoediging tot gevolg

Voorbeeld
Stella (5 jaar) komt uit een gezin dat lid is van een vredelievende, religieuze groepering. Het is een vriendelijk en lief kind, dat zich zelden of nooit agressief gedraagt. Dit jaar ging ze voor de eerste keer naar de kleuterklas en hier leerde ze hoe ze zich agressief moest gedragen. Ze zat met een autootje te spelen, toen Rik (5 jaar) het zomaar voor haar neus wegpakte. Stella was erg verbaasd en wist er zich geen raad mee. Toen Rik opnieuw in haar buurt kwam, hield ze haar speelgoed erg goed vast. Nu Rik niet zo gemakkelijk zijn zin kreeg, gaf hij Stella een mep. Stomverbaasd — ze had nog nooit zoiets meegemaakt — liet Stella haar speelgoed los.
Enkele dagen later was Marijke (5 jaar) met een pop aan het spelen, die Stella ook graag wilde hebben. Stella stapte op Marijke af en wilde haar de pop afpakken. Toen Marijke niet toegaf, gaf Stella Marijke een klap, pakte de pop af en liep ermee weg.
Stella had dus snel nieuw gedrag aangeleerd door het gedrag van Rik na te bootsen. Ze kreeg daar ook een beloning voor: het geven van een mep aan Marijke werd beloond door het krijgen van de pop. De kans is dan ook groot dat ze dat nieuwe gedrag — 'meppen' — in de toekomst opnieuw zal gebruiken.

Ongewenst gedrag wordt aangemoedigd door het echt te belonen

Ouders zijn vaak erg verbaasd als ze erop gewezen worden dat ze, zonder erbij na te denken, ongewenst gedrag belonen en dat ze dat nog tamelijk vaak doen ook.

Voorbeeld 1
Vader en moeder willen dat Els (3 jaar) zelfstandig eet aan tafel. Els kan al vork en lepel gebruiken. Ze brengt zelfs vrij handig het eten naar haar mond. Ze doet dit echter zo weinig geconcentreerd dat ze nog bijna niets op heeft, als het hele gezin al klaar is met eten. Moeder gaat dan naast haar zitten en voert haar hap voor hap.
Dat moeder dicht bij Els gaat zitten en haar helpt, is natuurlijk een enorme beloning voor Els' getreuzel. Els zal in het vervolg waarschijnlijk blijven treuzelen. Als Els een keertje vlot eet, vindt moeder dat 'maar normaal' en schenkt er geen aandacht aan. Ze is blij dat ze dan wat meer aandacht aan haar andere kinderen en aan haar man kan besteden. Daardoor schenkt ze minder aandacht aan Els' gewenst gedrag dan aan haar ongewenst gedrag. Zo krijgt het gewenste gedrag geen aanmoediging. Erger nog: het uitblijven van de 'beloning' zal eerder als straf werken, als *ont*moediging voor het *gewenste* gedrag (alléén eten).
Els leert dus dat ze heel veel aandacht krijgt als ze treuzelt en een stuk minder aandacht als ze vlot haar bord leeg eet. Els leert treuzelen.
Ook overbeweeglijkheid wordt soms beloond, getuige het volgende voorbeeld.

Voorbeeld 2
Chris loopt als een jong veulen rond in de supermarkt, en loopt voortdurend tegen mensen aan. Vader roept honderd keer: 'Hou je stil', echter zonder resultaat. Ten einde raad geeft hij het kind een ijsje. Chris houdt zich vervolgens rustig.
Vader én Chris leerden een nieuw ongewenst gedrag, doordat het beloond werd. Chris' rondrennen werd beloond met een ijsje. De kans dat hij de volgende keer weer gaat rondrennen,

is nu groter dan voorheen. Voor het geven van het ijsje werd vader beloond want Chris hield zich even rustig. Zowel bij Chris als bij vader wordt het ongewenste gedrag beloond. Hierdoor wordt de kans vergroot dat ze zich de volgende maal in dezelfde situatie allebei opnieuw ongewenst zullen gedragen.

Ongewenst gedrag wordt dikwijls aangemoedigd door
gepreek, gemopper en gezeur

De aandacht van een volwassene voor een kind betekent voor het kind beloning. Vriendelijke, gezellige aandacht is natuurlijk de allerbeste beloning. Maar preken, mopperen en zeuren zijn ook volwaardige vormen van aandacht geven. Zelfs slaan is aandacht (= negatieve aandacht)! Helemaal geen aandacht krijgen is voor een kind zowat het ergste dat hem kan overkomen.
Aandacht krijgen is voor het kind even belangrijk als eten en drinken. Het kind zal er dus altijd voor zorgen dat hij zijn portie aandacht krijgt, desnoods in de vorm van gemopper. Gemopper, vermaningen, gezeur en zelfs slaan kunnen een aanmoedigende uitwerking hebben. Vooral in die gevallen waarin het kind weinig of geen positieve, vriendelijke aandacht krijgt als hij zich wél goed gedraagt.

Ongewenst gedrag wordt aangemoedigd wanneer het een
onplezierige situatie doet ophouden

We hebben al diverse keren gezegd dat ongewenst gedrag in stand gehouden wordt, wanneer dat gedrag aanmoedigende (prettige) gevolgen heeft. Een prettig gevolg van ongewenst gedrag is bijv. aandacht krijgen of bij vader en moeder in bed mogen slapen. De aanmoediging kan echter ook terug te vinden zijn in het feit dat het ongewenste gedrag een ON-plezierige situatie doet ophouden.

Voorbeeld
Zodra Ria (7 jaar) 's avonds in bed ligt, begint ze te huilen.
Vader of moeder komt dan bij haar op de rand van het bed
zitten. Ria huilt niet meer, maar vader of moeder moet bij haar
blijven tot ze in slaap gevallen is.
Op een dag is moeder zelf doodmoe. Ze heeft geen zin om bij
Ria te blijven zitten. Maar zodra ze weggaat, begint Ria te
huilen. Ten einde raad laat moeder Ria dan maar bij zich in bed
slapen: een enorme beloning voor Ria. Onmiddellijk valt ze in
slaap. De volgende dag: hetzelfde liedje.
Het huilen van Ria en haar afhankelijk gedrag werden beloond
door:
1. het ophouden van een voor haar onprettige situatie, namelijk het alleen in haar bed liggen;
2. de prettige aanwezigheid van vader en moeder;
3. knusjes in het bed van moeder en vader te mogen slapen.
De ouders van Ria moedigden ongewild dit gedrag aan, omdat
ook voor hen de onprettige situatie ophield, en zijzelf voor hun
onjuiste aanpak werden beloond (= aangemoedigd):
1. Ria huilde niet meer;
2. moeder hoefde uiteindelijk ook niet meer op de rand van het
bed te blijven zitten;
3. de ouders hoefden geen aandacht meer te besteden aan hun
eigen seksuele probleem. De aanwezigheid van Ria in hun bed
was een welkom excuus, een beloning voor het in bed nemen
van Ria.
Het is niet zo vreemd dat met zoveel aanmoedigingen en
beloningen voor iedereen, het ongewenste gedrag van Ria wel
twee jaar kon voortduren.

Ongewenst gedrag wordt aangemoedigd als de straf
niet volgehouden wordt

Wanneer u bestraffend, ontmoedigend optreedt, dient u die
houding vol te houden. Net zo lang tot het ongewenste gedrag

zich niet meer voordoet. Doet u dit namelijk niet en blijft het ongewenste gedrag bestaan terwijl de straf wordt opgeheven, dan is daarvan het gevolg: het kind ervaart het ophouden van de straf als een aanmoediging, als een beloning voor het feit dat hij volhard heeft in het ongewenste gedrag. Het ophouden van de onaangename situatie van de straf is een beloning!

Voorbeeld
Marc (7 jaar) zit aan tafel te spelen. Tegen etenstijd vraagt vader hem de rommel een beetje op te ruimen. Marc wil niet. Vader vraagt het hem nogmaals. Marc weigert. Vader zeurt erover dat hij van Marc wel enige hulp en medewerking verwacht. Marc is per slot van rekening 7 jaar! Maar Marc werkt niet mee. Vader wordt boos en veegt Marcs speelgoed dan maar tegen de grond, waarna hij de tafel begint te dekken. Hij blijft op zijn zoon mopperen, en als het eten op tafel staat zegt hij: 'Je krijgt geen eten voordat je rommel opgeruimd is.'
Marc kijkt eventjes beteuterd op, maar blijft koppig tussen zijn speelgoed zitten. 'Ik heb honger' is het enige dat hem enkele malen over de lippen komt. Als de anderen bijna klaar zijn met eten, is moeder heel de situatie grondig beu. Ze pakt Marc op, zet hem op zijn stoel en gebiedt: 'Hou op met dat gezeur en eet!'
Opvallend in deze aanpak zijn de volgende punten:
1. vader had zijn uitleg over wat Marc moest doen, moeten geven op het moment dat Marc voor de eerste keer weigerde zijn speelgoed op te ruimen. Nu kwam de uitleg (= aandacht) bij Marc over als een beloning voor zijn weigering;
2. vader reageert tamelijk agressief, wanneer hij het speelgoed van zijn zoon van tafel veegt. Goed voorbeeld doet goed volgen, en Marc zal deze reactie zeker ook nog weleens demonstreren;
3. bovendien blijft vader nog wat namopperen wat een hoop negatieve aandacht en dus aanmoediging is voor het ongewenste gedrag van Marc;
4. vader en moeder pakken de zaak niet eensgezind aan. Dit

veroorzaakt een onduidelijke situatie en de ouders lopen het gevaar dat Marc 'verdeel en heers' gaat spelen;
5. moeder beloont in feite Marcs ongewenste gedrag. Zijn ongehoorzaamheid, zijn onwilligheid en gezeur over honger, worden ruimschoots beloond doordat hij zijn zin, én eten, krijgt.

Ongewenst gedrag van ouders wordt ook aangemoedigd

Soms weet u niet meteen wat u met een bepaald ongewenst gedrag aanmoet. In zulke gevallen hebben reacties als slaan, schreeuwen, straffen, snoepjes geven, toegeven, enz. effect. Het ongewenste gedrag van uw kind houdt op. En door dat effect denkt u als ouder of opvoeder vaak dat u toch op de juiste manier gehandeld hebt. In het ophouden van het ongewenste gedrag vindt u, nadat u geslagen, geschreeuwd, gestraft, snoep gegeven hebt, een aanmoediging om een volgende keer op dezelfde manier te reageren. Het vervelende is echter dat het effect dat u bereikte maar een kortstondig succesje betekent. Zo'n aanpak heeft zelden blijvend, duurzaam resultaat. U moet u dus niet blindstaren op dergelijke tijdelijke effecten.

Voorbeeld
Vera (8 jaar) en Mieke (10 jaar) maken voortdurend ruzie. Moeder heeft hun al talloze malen tevergeefs gevraagd ermee op te houden. Nu verliest ze toch echt haar geduld, en ze schreeuwt met overslaande stem: 'Hou op! Hou toch op! Ik krijg hoofdpijn van jullie!' De kinderen schrikken van moeders geschreeuw en houden inderdaad op met hun geruzie. Ze spelen nu rustig en moeder kan eindelijk geconcentreerd aan haar cijferwerk verder. Maar ze vergeet het gewenste, rustige gedrag van Mieke en Vera aan te moedigen, te belonen. Het duurt dan ook geen tien minuten, of de zusjes zitten elkaar alweer in de haren. Moeder denkt de oplossing nu te weten en ze schreeuwt opnieuw: 'Ik krijg hoofdpijn!' Het geruzie valt inderdaad stil,

maar zolang moeder het gewenste gedrag niet op het juiste moment aanmoedigt, beloont, zal ze iedere keer opnieuw de zusjes met geschreeuw tot een erg kortstondige vrede moeten dwingen.

Ongewenst gedrag wordt duurzamer als het af en toe wordt aangemoedigd

Het is natuurlijk ontstellend moeilijk om op ongewenst gedrag goed te reageren. Soms is iemands nabijheid, een blik in de richting van het kind, al een aanmoediging. U moet wel ijzersterk in uw schoenen staan, wilt u nooit eens op de verkeerde manier reageren. U ontkomt er nauwelijks aan: af en toe moedigt u ongewenst gedrag echt aan! Zoals we reeds eerder uitlegden blijft gedrag, nadat het eenmaal aangeleerd is, het hardnekkigst bestaan als het niet altijd doch slechts af en toe aangemoedigd wordt.

Voorbeeld
Terug naar Ria, het meisje dat 's avonds steeds huilde. Het gehuil van Ria werd dusdanig aangemoedigd dat Ria steeds vaker ging huilen, ook overdag, en altijd zonder duidelijke aanleiding. Met mopperen bereikte moeder geen enkel resultaat. Ze probeerde het dan maar met een snoepje. Dat hielp! Maar: moeder moedigde met die snoepjesgeverij alleen maar Ria's ongewenste gedrag aan. Ria huilde dus meer en meer en moeder reikte steeds vaker naar de snoepjesdoos.
Na gesprekken met een gezinstherapeut besloot moeder Ria zowel het huilen als het snoepen af te leren. Ze begon het gehuil te negeren. Natuurlijk zette Ria al haar registers open, maar moeder hield dapper vol. Ria gaf het daarentegen wel op: ze hield op met huilen. Een ogenblik later ging moeder naar haar toe, gaf haar een zoen en zei: 'Je wordt echt een grote meid. Zo flink stoppen met huilen! Dat moeten we vanavond aan vader

vertellen...' En toen vader thuiskwam en het verhaal gehoord had, zette ook hij zijn dochtertje extra in de bloemetjes.

De volgende dag was vader net de deur uit, toen moeder even een boodschap wilde gaan doen. Ria begon te huilen: moeder kon niet wachten tot ze vanzelf zou ophouden. Ze gaf Ria een snoepje, en troostte zich met de gedachte: één keertje zal wel geen kwaad kunnen! Daarna was het hek weer van de dam. Ria leerde dat ze erg veel moest huilen om toch maar genoeg snoepjes te krijgen, en dat deed ze dan ook. Pas nadat vader en moeder volledig ophielden het huilen te belonen, verdween Ria's ongewenste huilgedrag.

U ziet: als aan ongewenst gedrag af en toe wordt toegegeven (wat op zich niet zo erg lijkt) houdt het niet op en neemt het zelfs in hevigheid toe!

Ongewenst gedrag nooit aanmoedigen is echt wel moeilijk. Daarom leggen we de nadruk zo sterk op het aanleren van het tegenovergestelde: het gewenste gedrag. De wet dat af en toe aanmoedigen het gedrag duurzamer maakt, speelt bij het AAN-leren van gewenst gedrag in ons voordeel, terwijl hij bij het AF-leren van ON-gewenst gedrag in ons nadeel werkt.

2. De kwestie straf

In het vorige hoofdstuk legden we reeds uit hoe belangrijk het is dat het gewenste gedrag positieve gevolgen krijgt, dat het aangemoedigd wordt. Hier willen we nog even ingaan op de negatieve gevolgen van straf en op het ontmoedigen van ongewenst gedrag. Het is belangrijk dat u uw kind zeer duidelijk laat merken dat het zich niet aan de regels of afspraken houdt. Uw kind heeft die leiding nodig; leiding geeft zekerheid, duidelijkheid en houvast. *Logische, beperkte en consequente straffen, spaarzaam gegeven, kunnen een belangrijk hulpmiddel zijn.*

Met straf moeten we echter zuinig omspringen. Er zitten nogal wat nadelen aan vast.

Nadelen van straf

Straffen, zoals slaan, door elkaar schudden, maar ook schreeuwen, opsluiten in een donker hok, enz., werken remmend en zijn bedoeld om ongewenst gedrag te doen verminderen. Maar straf alléén is geen oplossing. Het effect is dikwijls slechts van korte duur. Dat onmiddellijke effect heeft u soms wel nodig, ook al weet u dat het geen resultaat oplevert op lange termijn. Het is zeer belangrijk dat een overbeweeglijk kind duidelijk merkt wanneer het 'over de schreef' gaat. Het zal soms nodig zijn te straffen, maar hierbij moet u wel met een aantal zaken rekening houden want *straffen en vooral agressieve straffen hebben heel wat nadelen.*

1. Straf onderbreekt het ongewenste gedrag, maar op de langere termijn bereikt u er weinig mee.

2. Agressief straffen is een slecht voorbeeld. Ouders die dikwijls agressief straffen, krijgen agressief gedrag terug.

3. Straffen kan de stemming in het gezin verknoeien.

4. Straffen is noodzakelijkerwijze beperkt. U kunt niet blijven slaan, niet blijven schreeuwen. Voortdurend aanmoedigen is in feite gemakkelijker dan voortdurend straffen.

5. Uw kind houdt het ongewenste gedrag vaak langer vol dan dat u de straf volhoudt.

6. U weet nooit helemaal zeker of straf ook als straf werkt. Straf blijkt nogal eens een aanmoediging van het ongewenste gedrag in plaats van een ontmoediging.

7. Straf heeft dikwijls alleen maar het gewenste effect, wanneer diegene die straft in de buurt van het kind blijft.

8. Het kind legt vlug het verband tussen het onaangename van de straf en de persoon die straft. Op die manier kan alleen al de aanwezigheid van de persoon die straft als onaangenaam worden ervaren. De relatie tussen kind en ouder, tussen de

gestrafte en de persoon die straft, komt dan in gevaar. De ouder wordt dan een boeman. De als onaangenaam ervaren aanwezigheid van de persoon die straft kan zo zelfs GE-wenst gedrag doen AF-nemen.

9. Als een kind vaak gestraft wordt, krijgt hij een gevoel van minderwaardigheid, in de zin van: 'Ik kan niets, ik doe niets goed.' Aanmoediging van gewenst gedrag daarentegen verhoogt zowel het zelfvertrouwen als het vertrouwen in de opvoeders.

Met straf maakt u snel iets duidelijk. Dit is soms noodzakelijk. Maar verwacht er geen blijvende resultaten van, als u niet meteen ook het tegenovergestelde gedrag aanleert en aanmoedigt.

Helemaal niet straffen is onmogelijk en af te raden

Uit de voorafgaande paragraaf is duidelijk geworden dat we niet enthousiast zijn over straffen en vooral niet over agressief straffen. Toch willen we niet de fout begaan van heel wat opvoedkundigen die — als reactie op de veel te autoritaire en strenge opvoeding van vroeger — propageren dat straf helemaal uit den boze is. Uit de ervaring van ouders, therapeuten en onderzoekers blijkt zeer duidelijk dat dit niet kan en soms zelfs heel negatieve gevolgen heeft als het geprobeerd wordt.

Als ouders elke vorm van straf trachten te vermijden, merken we dat ze hun kinderen bijv. liefdevol chanteren om iets gedaan te krijgen. Als het kind zich ongewenst gedraagt, straffen ze niet, maar reageren ze letterlijk of figuurlijk, in woorden of gebaren, met iets in de trant van: 'Als je dit of dat doet, dan maak je me heel droevig.' Andere ouders blijven vriendelijk maar tonen zich gedesillusioneerd.

Deze ouders verliezen uit het oog dat het zich verdrietig of gedesillusioneerd tonen ook een vorm van straf is, en zelfs een hele erge. De combinatie van vriendelijk blijven als het kind iets ongewenst gedaan heeft en van vriendelijk blijven en zich gedesillusioneerd tonen, schept verwarring. Als ouders dikwijls op die manier reageren kunnen de kinderen er onzeker, depressief, angstig of agressief door worden.

Nog andere ouders — en dat heeft soms echt rampzalige gevolgen — schijnen te denken: als hij stout is, is dat omdat ik hem niet voldoende liefde heb betoond. Ze reageren dan op ongewenst gedrag met betuigingen van liefde en genegenheid, soms zelfs met het geven van geschenkjes. Alsof een kind stopt met ongewenst gedrag, als hij maar overtuigd is van de liefde van zijn ouders! Dit is zo'n ernstige vergissing dat het soms leidt tot extreem probleemgedrag van het kind. Soms loopt in zo'n opvoedingssituatie het probleemgedrag volledig uit de hand en worden deze ouders door hun ouder wordend kind getiranniseerd en soms zelfs mishandeld.

Gebruik een milde straf: telkens en onmiddellijk

In sommige situaties — en bij een overbeweeglijk kind zijn dat er meer dan bij andere kinderen — moet het ongewenste gedrag meteen gestopt worden. Een onmiddellijke, korte en duidelijke tussenkomst van de ouders is dan noodzakelijk. In zo'n situatie is een straf soms onvermijdelijk. Dit is merendeels het geval als het gedrag gevaarlijk is of uiterst hinderlijk voor het kind zelf of voor anderen.

Een overbeweeglijke kleuter, meer nog dan een andere kleuter, moet zo vroeg mogelijk de betekenis leren van bevelen zoals: 'neen', 'niet doen', 'stop daar onmiddellijk mee' en 'doe dit nooit meer'. Het gehoorzamen aan dit 'neen' is letterlijk van levensbelang voor uw kind. Als u regelmatig 'niet doen' zegt en het kind toch zijn zin laat doen, leert het dat 'niet doen' maar heel betrekkelijk is. 'Niet doen' zeggen en uw kind vervolgens toch zijn zin laten doen, is niet goed voor een kind en kan levensgevaarlijk zijn voor een overbeweeglijk kind.

Als uw kleuter op een open trap klimt of de fles met afwasmiddel pakt, als uw kind met lucifers speelt, het aardappelmesje gebruikt, met een spijker in het stopcontact zit, als uw schoolkind vaders brommer pikt, enz., dan moet uw tussenkomst zodanig zijn dat hij het geen tweede keer doet. *Uw kind leren gehoorzamen is van het allergrootste belang voor zijn eigen veiligheid.*

U kunt zoveel mogelijk gevaarlijk spul uit de buurt van uw kind houden, maar u kunt niet alles voorkomen. Het is onmogelijk alle gevaarlijke dingen weg te houden, en als uw kind niet geleerd heeft te gehoorzamen is dat snel een ramp. Onkruidverdelgers buiten het bereik van kinderen opbergen is belangrijk, maar uw kind leren dat het er nooit aan mag komen, is nog veel belangrijker. In de vele artikelen en boekjes over het creëren van een veilig leefmilieu voor kinderen wordt het grote belang van een minimum aan gehoorzaamheid vaak vergeten.

Een kleuter kunt u de betekenis van 'niet doen' leren door het 'niet doen' te laten samengaan met iets onaangenaams. Sommige ouders roepen het 'niet doen' zo luid dat het onaangenaam klinkt, andere ouders laten het 'niet doen' samengaan met een tik of 'pits'. Als u dat consequent volhoudt, volstaat na verloop van tijd een kordaat uitgesproken 'niet doen' om uw kind te laten ophouden.

FIGUUR 8

na enkele malen:

gevaarlijk
gedrag ⟶ 'niet doen' ⟶ iets
onaangenaams ⟶ kind
stopt

wordt dit meestal:

gevaarlijk
gedrag ⟶ 'niet doen' ⟶ kind
stopt

75

Door het vroeg en consequent invoeren van die kleine onaangename maatregel bespaart u uw kind een hoop narigheid. Een streng 'neen' en een tik zijn minder erg dan een zware elektrische schok of een vergiftiging. Een streng 'neen' en een tik zijn ook minder erg dan verdrinken. Een streng 'neen' en een tik zijn minder erg dan een pak rammel, als het kind niet gehoorzaamt en de situatie uit de hand loopt.

Dit geldt ook voor de ouders: tijdig en voldoende dikwijls reageren met een streng 'neen' en een tik is minder erg dan uw ongenoegen en frustraties telkens op te kroppen en dan ineens te 'ontploffen' en uw kind een pak rammel te geven waar u zich dagenlang schuldig over voelt. Door dat schuldgevoel treedt u een volgende keer weer niet tijdig en onvoldoende streng op, waardoor u weer gefrustreerd raakt en uiteindelijk uw zelfbeheersing verliest. Zo is een vicieuze cirkel ontstaan, die naar is voor kind én ouders.

Een milde, onmiddellijk en telkens toegediende straf is voor ongewenst gedrag dikwijls een onvermijdelijk hulpmiddel. Tijdig een milde straf geven voorkomt dat u uw zelfbeheersing verliest en een zware of zelfs mishandelende straf geeft. Het is overigens geen ramp als u een zeldzame maal uw zelfbeheersing verliest en eens roept, mept of schreeuwt, op voorwaarde dat dit gebeurt in het kader van een liefdevolle relatie.

Voorbeeld:
Toen mijn dochter in de tweede klas zat, maakte ik me boos op haar en gaf haar een klap. Ze had wel een tik verdiend, maar de klap was onbeheerst en te hard. Nadat we beiden gekalmeerd waren zei ik: 'Sorry, je had een tik verdiend maar die klap was werkelijk veel te hard. Hoeveel tikken zitten in zo'n klap?' 'Drie.' 'Wel, dan mag je twee tikken in reserve houden.'
Een tijdje later deed ze iets heel stouts en reageerde zelf gevat: 'Okee, laat maar, ik heb nog twee tikken in reserve, trek er maar één af.' We moesten er allebei om lachen.

Als u ernstig ongewenst gedrag bestraft, moet u elke keer straffen. Doet u dat niet, dan wordt uw gedrag voor het kind onbegrijpelijk, onvoorstelbaar en onredelijk. Met af en toe maar te straffen loopt u bovendien het risico dat het ongewenste gedrag hardnekkiger wordt.

Ook moet u onmiddellijk straffen. De straf moet zo onmiddellijk mogelijk aansluiten op het ongewenste gedrag. Uw kind moet het verband kunnen zien tussen zijn actie en uw reactie. Daarom moet het een kleine maar duidelijke straf zijn.

Een milde kleine straf, telkens en onmiddellijk gegeven, werkt veel beter dan een uitgestelde grote straf, af en toe gegeven. Deze regel, dat u telkens en onmiddellijk moet straffen, is overigens dubbel belangrijk voor jongere, zowel als minder intelligente kinderen en kinderen met een ADHD.

Verder is belangrijk dat u bij het afleren van ongewenst gedrag met de eerste stap begint. U moet het ongewenste gedrag als het ware 'bij de wortels uitroeien'. Een kleine sneeuwbal wordt snel een lawine. Een lawine kunt u niet meer stoppen, de sneeuwbal wel. Een kleine maatregel volstaat meestal als u optreedt bij het eerste teken dat er iets misgaat. Als u te lang wacht voor u optreedt, zult u eerder geneigd zijn een grote straf te geven. Veel kordate onmiddellijke kleine straffen zijn beter dan een heftige reactie na verloop van tijd.

Als twee kinderen elkaar telkens in de haren vliegen, moet u niet wachten tot het weer zo ver is. U moet ingrijpen bij het eerste teken dat het de verkeerde kant uitgaat, door ze bijv. beiden naar hun kamer te sturen.

Het is dus belangrijk dat u heel goed observeert, dat u precies gaat zien wanneer een bepaald gedrag begint mis te lopen en dat u de uitlokkende situatie tijdig herkent.

Beter dan straf: negatieve consequenties

Er is nog een andere vorm van straf die sommige ouders niet durven te gebruiken: het zorgen voor onaangename gevolgen.

Op de juiste manier toegepast is dit een nuttig en noodzakelijk instrument om het gedrag van een kind in de juiste banen te leiden.

Sommige vormen van ongewenst gedrag hebben van zichzelf al zulke negatieve gevolgen dat een kind het niet in zijn hoofd zal halen het nog eens te proberen. Als het kind na herhaald waarschuwen toch weer aan het oor van de hond trekt en een knauw krijgt, blijft hij voortaan wel uit de buurt van honden. De algemene regel is: *gedrag dat onaangename gevolgen heeft zal verminderen.*

Bij kinderen met een ADHD echter, meer dan bij andere kinderen, moet u er rekening mee houden dat het kind niet meteen lering trekt uit de negatieve consequenties van een bepaald gedrag. Waar de meeste kinderen na een of twee knauwen ermee stoppen de hond te pesten, zal een ADHD-kind er dikwijls pas na de tiende knauw mee ophouden!

De meeste vormen van ongewenst gedrag hebben echter niet dergelijke consequenties, of de consequenties komen zoveel later dat het kind het verband niet meer ziet tussen zijn daad en de nare gevolgen die daaruit voortvloeien. Soms heeft het ongewenste gedrag enkel nare gevolgen voor anderen of zijn de consequenties ervan slechts voor een volwassene te begrijpen. *In die gevallen moeten de ouders en opvoeders er zelf voor zorgen dat het ongewenste gedrag zodanige negatieve gevolgen heeft dat het kind het ongewenste gedrag opgeeft.*

De beste consequenties zijn die welke logisch in de lijn van het ongewenste gedrag liggen. Een kind dat geld gestolen heeft, moet niet zozeer een pak rammel krijgen, maar moet vooral hard werken om het geld te verdienen en terug te geven. Een kind dat in bed plast, moet zelf de natte boel opruimen. Een kind dat een glas omgooit, kan de tafel schoonmaken. Soms is er geen consequentie te bedenken die logisch op het gedrag aansluit en moet men andere bedenken. Bijv. het afschaffen van privileges; het verminderen van zakgeld; het afschaffen van TV-kijken.

Belangrijk is wel dat uw kind zo mogelijk van tevoren weet wat de gevolgen zullen zijn van zijn ongewenste gedrag. Het is als het ware een contract tussen ouders en kind. In zijn eenvoudigste vorm is het: 'Als ik nog éénmaal moet waarschuwen, dan...' Bij oudere kinderen maakt het dikwijls meer indruk als het een geschreven contract is.

Kortom: *een kind moet van tevoren weten waar hij zich aan heeft te houden, en wat de consequenties zullen zijn als hij zich niet aan de regels houdt.* Meer nog dan een ander kind heeft het ADHD-kind behoefte aan duidelijkheid.

Laat u als ouder zeker niet van de wijs brengen door een 'pff, dat kan me niks schelen, ik had toch geen zin in het toetje'. Voer in elk geval de afspraak uit. U moet altijd doen wat u beloofd hebt, wat afgesproken is. Zo niet, dan leert uw kind dat hij zich niets hoeft aan te trekken van afspraken. Dan worden de afspraken loze dreigementen en zult u geneigd zijn de dreigementen steeds meer te verzwaren, waardoor ze nog moeilijker uitvoerbaar worden.

Oudere kinderen moet u ook leren dat alle liefde en goodwill niet steeds van één kant kunnen komen, dat mensen slechts kunnen samenleven op basis van wederkerigheid, van 'voor wat hoort wat'. Als een kind er moeite mee heeft zich te houden aan zijn plichten, kan het soms heel nuttig zijn zelf eens op te houden met het uitvoeren van een aantal van uw plichten, die uw kind als vanzelfsprekende rechten beschouwt. Zo'n ouderstaking doet soms wonderen.

Als zoonlief het bijv. vertikt zijn voetbalplunje in de wasmand te gooien, kunt u ermee ophouden: a) het zelf te doen en b) zijn spullen te wassen, totdat hij zijn aandeel in de taken wel uitvoert.

Bovendien: leer het tegenovergestelde, gewenste gedrag aan

Een straf of negatieve consequenties op zich zijn nooit voldoende! Straf, negatieve gevolgen en de TAVA-methode (zie

79

verderop) leveren resultaten op, op voorwaarde dat ze correct worden uitgevoerd en ze altijd samengaan met het aanleren en aanmoedigen van het tegenovergestelde, gewenste gedrag. Tegenover ongehoorzaam-zijn staat gehoorzaam-zijn..., tegenover overbeweeglijk-zijn staat stilzitten... tegenover ruzie maken staat samen spelen, enz. De kern van de hele zaak is dat het aanleren van dit gewenste gedrag veel efficiënter en plezieriger is dan het afleren van het tegenovergestelde, ongewenste gedrag.

De gouden regel is: *leer nooit ongewenst gedrag af zonder het tegenovergestelde, gewenste gedrag aan te moedigen.*

Bijv. het aanleren van gehoorzaam-zijn betekent meteen: het afleren van ongehoorzaam-zijn. Dat zijn dan twee vliegen in één klap. Het is bovendien heel wat plezieriger, bevredigender en efficiënter om een kind iets aan te leren dan om hem iets af te leren.

1. Het aanmoedigen van gewenst gedrag is gemakkelijker uitvoerbaar dan het volstrekt niet aanmoedigen, het ontmoedigen, het negeren van ongewenst gedrag.

2. Aanmoedigen geeft uiteindelijk op de langere termijn een beter resultaat dan straffen.

3. Aanmoedigen schept een plezierige sfeer en een betere relatie tussen ouders en kind.

4. Aanmoedigen heeft een stimulerende invloed op de zelfstandigheid en het zelfvertrouwen van het kind.

Soms moet u als ouder deze regels heel creatief toepassen om een overbeweeglijk kind iets aan of af te leren.

Voorbeeld 1

Wat zou u bijv. doen met een zesjarig overbeweeglijk doof kind dat altijd weer uit zijn bedje komt? Van op een afstand iets naar hem roepen is onmogelijk, maar telkens naar het kind toegaan is een te grote beloning voor zijn ongewenste gedrag.

Nadat zijn ouders eenmaal de principes uit de vorige paragrafen begrepen hadden, vonden ze zelf een geniale oplossing: vader plaatste onder de poten van het bed stalen veren met in één ervan een schakelaar, die was verbonden met het nachtlichtje. Zolang zoonlief in bed lag, bleef het lichtje branden (aanmoediging, beloning). Wanneer hij zijn bed uit kwam, ging het lichtje ook uit (negatief gevolg). Resultaat: het kind bleef in bed, sliep langer en was gedurende de dag rustiger, opgewekter en vriendelijker.

Voorbeeld 2
Voor een ander overbeweeglijk kind dat 's nachts en 's ochtends al heel vroeg uit bed kwam en dan soms heel gevaarlijke streken uithaalde, had zijn vader eveneens een slimme oplossing bedacht. Hij had een automatische winkeldeurbel geïnstalleerd aan de slaapkamerdeur van zijn zoon. Het interessante van dit geval was dat dit alarm nooit heeft hoeven werken! Het feit dat de bel daar hing was zo'n eenvoudige en heldere boodschap voor het kind en toonde zo duidelijk aan dat het zijn ouders menens was dat hij er geen moeite mee had zich aan de afspraak te houden.

3. Hulpmiddelen bij het afleren van ongewenst gedrag

Scoor het gewenste gedrag

Hoe weet u of uw kind zich aan het nieuwe aangeleerde gedrag houdt? De ene dag heeft u de indruk dat uw kind het aangeleerde gedrag al goed en dikwijls uitvoert, terwijl het de andere dag helemaal niet naar uw zin gaat. Als u zich een dag zelf niet zo geweldig voelt, dan zult u sneller de indruk hebben dat ook uw kind het minder goed doet. En wanneer u zich prima voelt, lijkt ook uw kind het allemaal stukken beter te doen.
'Goed' of 'slecht' zijn interpretaties, veronderstellingen, waar u

in feite onvoldoende houvast aan hebt, omdat het te maken kan hebben met uw eigen stemming. *Om te weten te komen of uw kind het echt 'goed' doet, moet u het gedrag dat hij aangeleerd heeft, tellen.* Probeer een 'score' bij te houden van de mate waarin dat gedrag zich voordoet. En het is nog beter als u er een grafiekje van maakt. Dan ziet u in één oogopslag of het werkelijk 'goed' gaat.

FIGUUR 9

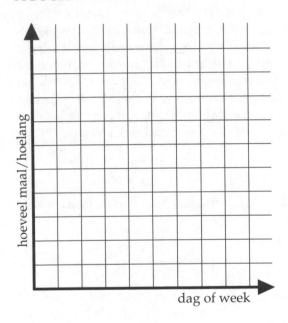

U scoort bij voorkeur het gewenste gedrag. Als u ongewenst gedrag aan het afleren bent, tel dan het (tegenovergestelde) gewenste gedrag. U dwingt uzelf dan meteen om meer oog te hebben voor het gewenste gedrag.

Sommige vormen van gedrag kunt u heel gemakkelijk tellen.

Bijv.: helpen met afwassen; zelf sokken aantrekken; zelf bed opmaken; een vriendje mee naar huis nemen; meer dan een 6 halen op school. Andere gedragsvormen lenen zich meer tot het nemen van 'steekproeven'. U noteert gedurende een bepaalde tijd hoe dikwijls uw kind het aangeleerde gedrag uitvoert. Bijv.: vader maakt tijdens het avondeten en nog een uur daarna telkens een aantekening, wanneer Anneke meteen doet wat haar gevraagd wordt. Of moeder noteert hoe lang Ronald alleen speelt.

Vul op de basisgrafiek de gegevens in die u tijdens de observatie verzameld hebt.

Bijv.: als Ronald de eerste dag vijf minuten rustig alleen speelt, zet u een kruisje daar waar de lijnen van de eerste dag en die van de vijf minuten elkaar snijden. Speelde Ronald de tweede dag tien minuten alleen, dan komt er een kruisje op het snijpunt van de lijnen van de tweede dag en die van de tien minuten. Als u dan alle kruisjes met elkaar verbindt, krijgt u (hopelijk) een stijgende lijn.

FIGUUR 10

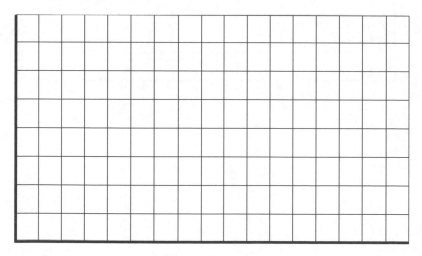

83

Maak zelf eens, als oefening, hierboven een grafiekje aan de hand van onderstaand voorbeeld.

Toon plaste elke nacht in bed. Met een aanmoedigend programma was hij de eerste week twee keer droog; de tweede week twee keer; de derde week vijf keer; de vierde week vier keer; de vijfde week zes keer; de zesde week vijf keer; de zevende, achtste en negende week zeven keer; de tiende week zes keer; en sindsdien elke week zeven keer droog!

FIGUUR 11

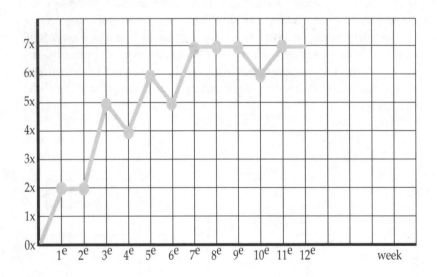

84

Uit deze grafiek kunt u meteen aflezen dat het prima gaat met het 'droogleggingsprogramma' van Toon, ondanks de terugval die er even op enkele momenten was.
Als uw kind op school al heeft geleerd hoe een grafiek gemaakt wordt, vindt hij het misschien leuk om zelf die grafiek te maken.

De TAVA-methode: Totale Afzondering Van Aanmoediging

We hebben al eerder aangestipt hoe moeilijk het is om ongewenst gedrag helemaal niet aan te moedigen, omdat alleen al een blik of simpelweg uw aanwezigheid in veel gevallen genoeg is om door uw kind als een aanmoediging ervaren te worden. Vandaar dat een methode uitgedokterd werd die juist deze moeilijkheden opvangt. We hebben ze de TAVA-methode genoemd, waarin de letters van TAVA staan voor: Totale Afzondering Van Aanmoediging. Uit onderzoek van vooral dr. Patterson blijkt dat TAVA veel beter werkt dan bijv. schelden, mopperen, slaan en allerlei andere vormen van (agressief aandoende) straf. De TAVA-methode lijkt vooral geschikt voor jongere kinderen (tot een jaar of twaalf) en voor kinderen die heel moeilijk iets aan- of afleren. De meeste kinderen hebben TAVA slechts gedurende een korte periode nodig om een uit de hand gelopen gedrag in goede banen te leiden. Als alles weer ongeveer behoorlijk verloopt, kunt u de TAVA afschaffen.
De TAVA-methode komt hierop neer dat we het kind in een ruimte afzonderen, waarin hij geen enkele aanmoediging krijgt of kan vinden. Natuurlijk mag de ruimte, de kamer, niet donker of angstaanjagend zijn. TAVA mag absoluut niet lijken op het vroegere opsluiten in de kelder, een kast of het kolenhok. Als u het met die mentaliteit doet, begin er dan beter niet aan. Een WC of badkamer (wel leegmaken) kan een geschikte plaats zijn. Voor een volkomen onhandelbare vierjarige had vader de grote kinderbox van de zolder gehaald en langs de vier zijden met houtpanelen afgeschermd, zodat het kind er niet overheen kon kijken.

85

Het afzonderen in een dergelijke ruimte heeft vooral tot doel om iedere vorm van aanmoediging, iedere vorm van contact, te vermijden. Het is ook een vorm van straf, die u iedere keer onmiddellijk kunt toepassen en die u ook gemakkelijker kunt volhouden, tot het ongewenste gedrag zich niet meer voordoet.

Misschien zegt u nu: 'Zoiets heb ik al eens geprobeerd, maar het haalde niets uit.' Als het inderdaad geen enkel resultaat opleverde, dan was het waarschijnlijk geen 'echte' TAVA of dan vergat u terzelfder tijd het gewenste gedrag aan te moedigen.Alvorens u aan TAVA begint of als TAVA mislukt, denk dan aan het volgende.

1. De ruimte waarin TAVA wordt toegepast, mag het kind *geen angst* aanjagen. Wij grijpen dus niet terug naar het 'spinnehok' van vroeger.

2. Het beste is een afzonderlijke ruimte te nemen, zoals WC, badkamer, hal, e.d.

3. Kan dat niet, scherm dan op de een of andere manier een hoek van de woonkamer, hal of keuken af. Alleen maar 'in de hoek zetten' is onvoldoende, omdat het kind dan nog bereikbaar is voor allerlei aanmoedigingen, voor aandacht, bijv. van de TV, van andere kinderen of van uw eigen aanwezigheid.

4. Er mag niets in de ruimte te vinden zijn waarmee het kind kan spelen.

5. TAVA moet in het begin *elke keer* toegepast worden wanneer het kind zich ongewenst gedraagt.

6. TAVA moet *onmiddellijk* volgen op het ongewenste gedrag. Als dat echt niet kan, als u bijv. in de auto zit, kunt u tegen verstandige, wat oudere kinderen zeggen, zonder verder te mopperen: 'Zodra we thuis zijn, ga je drie minuten in TAVA.'

7. U mag TAVA alleen maar toepassen voor één bepaald ongewenst gedrag. Als u TAVA voor alles en nog wat toepast, ontstaat er verwarring, zowel bij de ouders als bij het kind. En dan wordt het moeilijk om TAVA consequent te blijven toepassen.

8. U mag TAVA slechts toepassen als u ook met een *aanmoedi-*

gingsprogramma begint voor het tegenovergestelde, gewenste gedrag!

9. *Leg uw kind van tevoren zo goed mogelijk uit hoe TAVA werkt,* wat uw bedoeling ermee is, wat u ervan verwacht. Bij heel jonge en minder intelligente kinderen lukt dat niet altijd, maar u moet het wel proberen.

Zo in de trant van: 'Kijk, Vincent, ik ben meestal wel tevreden over jou, maar je doet toch wel vaak brutaal en ik wil niet langer dat je me schopt. We zullen je helpen om dat schoppen af te leren. Als je weer eens schopt, dan zal ik tegen jou zeggen: "Dat was brutaal, ga in TAVA." Dan ga je naar de badkamer en je blijft daar twee minuten. Ik zal de kookwekker op twee minuten zetten en hem bij de deur van de badkamer plaatsen. Dan kun jij ook horen wanneer de twee minuten om zijn. Als de kookwekker afloopt, mag je eruit komen. Als je niet wilt, als je tegen de deur begint te schoppen, schreeuwt, eruit komt of andere streken uithaalt, komen er twee minuten bij. Als je op die manier aan tien minuten komt, dan mag je vanavond geen televisie kijken.

Maar ik ben er zeker van dat het nooit zo ver zal komen, dat die twee minuten echt wel voldoende zijn. Kijk eens hoe kort twee minuten maar duren! (Moeder laat het met behulp van de kookwekker zien.) En elke dag dat je niet brutaal bent geweest, leest vader je voor uit het boek van Arendsoog.'

10. Na de uitleg kunt u het beste de hele procedure eens in een rollenspel spelen, doen alsof.

Moeder vraagt aan Victor even te doen alsof hij brutaal is, een brutale jongen te spelen. Victor speelt het. Moeder zegt: 'Dat was brutaal, ga in TAVA.' Victor gaat. De kookwekker wordt gezet... en de hele TAVA-procedure wordt als een toneeltje ingeoefend. Soms haalt dit toneeltje, dit rollenspel, van zichzelf al wat druk van de ketel.

11. Als u TAVA gebruikt moet u wel helemaal *ophouden met mopperen en schelden.* Eén zin moet volstaan, bijv.: 'Je hebt gevochten, ga in TAVA.'

12. *Verlies nooit uw kalmte* als u TAVA toepast. Als uw kind weigert om in TAVA te gaan, dan zegt u alleen maar: 'Dan komen er drie minuten bij.' Herhaal dat maximaal drie keer. 13. U moet weten wat u doen zult, als uw kind toch blijft weigeren in TAVA te gaan. Blijf in ieder geval kalm. *U moet het langer volhouden dan hij,* zeker de eerste keer. *Zeg bijv.:* 'Voor elke tien minuten verlies je een avond TV.' Voer deze straf zeker uit als het ervan moet komen. Neem bij voorkeur iets dat u dezelfde dag nog kunt uitvoeren. Als een jonger kind helemaal blijft weigeren, dan brengt u hem kalm maar kordaat naar de TAVA-ruimte. Een klein kind pakt u desnoods op. U draagt hem zonder iets te zeggen met zijn gezicht van u afgewend naar de TAVA-ruimte. Voor de oudere kinderen worden de consequenties verwoord... en uitgevoerd! De eerste keer zal dat echt wel moeilijk zijn voor u, maar u moet volhouden. *Blijf kalm, maar vastberaden.*

14. Belangrijk is zeker dat *beide ouders het volstrekt met elkaar eens zijn* omtrent de aanpak. Als dat niet zo is of maar half: begin er dan niet aan.

15. Soms wordt u misschien van de wijs gebracht, als uw kind zegt: 'Zet me maar in de badkamer, dat doet me niks, het is daar best gezellig.' Hou daar dan geen rekening mee. U weet niet eens of uw kind wel meent wat hij zegt. En stel dat uw kind dat meent, dan doet dat nog geen afbreuk aan het beoogde effect van TAVA. Want uiteindelijk is het de voornaamste bedoeling *alle aanmoedigingen, alle contact uit te schakelen. Het geeft niet of het kind dit als een straf ervaart of niet.*

16. Er zijn kinderen die proberen gelijk te krijgen door te gaan discussiëren. Ze vinden dan hun eigen gedrag helemaal niet brutaal, ze zijn niet ongehoorzaam geweest, enz... *Discussieer niet* met uw kind. Zo'n discussie is aandacht geven en dat is dan weer aanmoedigen. Blijf bij uw besluit. Als u vindt dat wat uw kind bepraten wil echt zinvol is, zeg dan: 'Okee, dat bespreken we dan als je uit TAVA komt.' Legt het kind zich daar niet bij neer, geef hem dan nog drie minuten extra. Als hij blijft

88

discussiëren, dan doet u hetzelfde als met een kind dat weigert in TAVA te gaan.

17. TAVA mag in principe maar *kort* duren: een drietal minuten. Het gaat in de eerste plaats om de afzondering van elke vorm van aanmoediging en contact, niet om een straf. Gebruik de kookwekker. Het is gemakkelijker voor uzelf, duidelijker voor uw kind.

18. Als een aantal kinderen in één gezin hetzelfde ongewenste gedrag vertoont (schelden, vloeken, bijv.), maak dan met allemaal een TAVA-afspraak. Natuurlijk nooit twee kinderen in eenzelfde TAVA-ruimte zetten!

19. TAVA moet u altijd *langer volhouden dan uw kind zijn ongewenst gedrag*. Meestal hebben kinderen wel gauw door dat u het deze keer meent. Dat wordt vooral duidelijk gemaakt door een kalme en kordate eensgezinde aanpak, met een minimum aan woorden.

20. Als de TAVA-aanpak correct plaatsvindt, merken de ouders soms dat hun kind er na verloop van tijd zelf om vraagt. Want oudere, verstandige, overbeweeglijke kinderen voelen het na verloop van tijd zelf aankomen, wanneer ze hun zelfcontrole aan het verliezen zijn. Dit verlies van zelfcontrole is ook voor het kind dikwijls erg vervelend en soms zelfs beangstigend. *Als een kind enkele malen ondervonden heeft dat hij in afzondering vanzelf rustiger wordt, zal hij soms zelf spontaan naar de TAVA-ruimte gaan om daar tot rust te komen.*

Een noodrem: het kind lichamelijk in bedwang houden

Tenslotte is er nog middel in tijden van nood dat voor ouders en kind bijzonder nuttig kan zijn, indien op de juiste wijze toegepast. Dat is: uw kind lichamelijk in bedwang houden. De juiste wijze betekent: *enkel in noodsituaties en steeds liefdevol, rustig en kordaat*. Het voornaamste doel ervan is een geheel ontremd geworden kind tot rust te brengen. Deze aanpak is moeilijk zwart op wit uit te leggen, omdat daar gemakkelijk misverstanden door kunnen ontstaan. Het is echter zo'n nuttig hulpmiddel dat ik het toch wel wil wagen, en het risico dat ik door sommige pedagogen verkeerd word begrepen neem ik dan maar voor lief.

Stel dat een jonger kind werkelijk niet meer aanspreekbaar is, geheel ontremd raakt en een volledig uit de hand lopende woedebui krijgt. Dan is dikwijls het laatste en tevens het beste middel om hem tot rust te brengen: hem lichamelijk in bedwang houden. U stuurt iedereen de kamer uit. Zeker geen andere kinderen in de buurt. De beste manier is dan te gaan zitten en uw kind op schoot te nemen (met een groter kind eventueel met behulp van uw partner). U houdt hem met zijn rug tegen uw borst aan, kruist zijn armen over zijn borst en neemt zijn handen in de uwe. Ook slaat u uw benen om de zijne, zodat u uw kind vast, maar zonder hem pijn te doen, tegen u aangedrukt houdt. U houdt dit vol tot uw kind tot rust is gekomen. U praat niet, u scheldt niet. Wel kunt u enkele malen zo rustig mogelijk zeggen: 'Ik laat je gaan zodra je weer rustig bent.'

U doet dit alles liefdevol maar kordaat. Dat wil zeggen: begin er vooral niet aan, als u ook buiten uzelf bent of als u eraan twijfelt het te kunnen halen. U moet dus rustig, beheerst en zeker van uzelf zijn. De eerste maal dat u dit doet, kan het een hele worsteling worden. Bij ouders die erin slagen rustig en zelfverzekerd te blijven, duurt dit worstelen echter verrassend kort. Ook een geheel ontremd kind heeft het snel door als het echt 'menens' is.

Onthoud vooral heel goed dat, *als het kind alle zelfcontrole verliest, het ook voor hem een heel nare ervaring is.* Het kan zeer beangstigend zijn voor het kind om zichzelf niet meer te kunnen beheersen, zich niet meer te kunnen remmen. Deze rem brengen de ouders dan aan.

De enkele malen dat ik in mijn spreekkamer een geheel ontremd geworden kind door ouders zo tot rust liet brengen of zelf tot rust bracht, viel het me telkens op dat de worsteling algauw eerder een soort symbolisch gevecht werd. Als het voor het

90

kind maar meteen duidelijk is dat wat u doet *liefdevol maar menens* is.

Als u zelf heel beheerst optreedt en de situatie meester blijft, dan zal het kind nog wat blijven tegensputteren om als het ware zonder gezichtsverlies te kunnen toegeven. Dit laatste is vooral duidelijk bij grotere kinderen: die zouden u echt pijn kunnen doen, maar laten dat toch na.

Van ouders van overbeweeglijke kinderen heb ik geleerd dat ze ook kleinere kinderen, bijv. kleuters, in momenten van extra spanning of emoties tot rust konden brengen door hen dicht tegen zich aan te houden. Als hun kind geheel ontremd was geraakt door zaken als ziek worden, overgeven, de voorbereiding op een schoolreisje, niet in slaap kunnen komen, dan hielden ze hem — tegen de aanvankelijke afwijzing van het kind in — dicht tegen zich aan. Ze gingen met hem samen op de bank of in bed liggen.

Een vader vertelde me hoe hij in een dergelijke situatie zijn aanvankelijk tegenspartelende kind stevig in zijn armen nam. Met zijn eigen ademhaling volgde hij dan die van het kind, en ging daarna zelf geleidelijk trager ademen, omdat hij gemerkt had dat de ademhaling van het kind en het kind zelf daar rustig van werden.

Als zo'n lichamelijke controle juist verlopen is, vertellen zowel de ouders als de kinderen naderhand dikwijls dat het een positieve ervaring was. Oudere kinderen vertellen bijv. dat het kalme, vriendelijke maar krachtige optreden hun zekerheid gaf en ook rust. Ouders en kinderen vertelden dat het stevige lijf-aan-lijf vasthouden, terzelfder tijd ook een warm gevoel gaf.

Houd tot slot wel voor ogen dat dit een noodgreep blijft. U kunt het geen tien maal achter elkaar doen. Als u telkens weer naar deze noodrem moet grijpen, dient u er hard over te gaan nadenken wat de probleemsituaties uitlokt, waardoor ze worden aangemoedigd en hoe u ze kunt voorkomen.

Samenvatting

Belangrijke redenen waarom een kind zich ongewenst blijft gedragen zijn:

1. Veel ongewenst gedrag is op zichzelf al aanmoedigend.
2. Ongewenst gedrag wordt soms echt beloond.
3. Ongewenst gedrag wordt aangemoedigd door mopperen en zeuren.
4. Ongewenst gedrag wordt aangemoedigd als het een onplezierige situatie doet ophouden.
5. Ongewenst gedrag wordt aangemoedigd als de straf niet volgehouden wordt.
6. Ook het ongewenste gedrag van de ouders wordt soms aangemoedigd.
7. Ongewenst gedrag wordt duurzamer als het af en toe wordt aangemoedigd.

Een overbeweeglijk kind moet duidelijk merken dat hij over de schreef gaat. Een of andere vorm van straf is soms noodzakelijk. Houd er wel rekening mee dat (vooral agressief) straffen nogal wat nadelen heeft. U komt veel verder als u zich concentreert op het aanmoedigen van het tegenovergestelde, gewenste gedrag. Als u straft, gebruik dan telkens en onmiddellijk een milde en logische straf en gebruik eventueel TAVA.

Soms is het een hele steun voor ouders om 'lijstjes' bij te houden van het gedrag.

VIERDE HOOFDSTUK

Bijzondere gebruiksaanwijzingen voor overbeweeglijke kinderen

De adviezen in het tweede en derde hoofdstuk zijn gebaseerd op de algemene regels van het sociaal leren. Ze werden geschreven met overbeweeglijke kinderen in gedachten, maar in feite zijn het richtlijnen die nuttig zijn om om het even welk kind op een prettige en efficiënte manier iets aan of af te leren. In dit hoofdstuk volgen adviezen die heel specifiek zijn voor overbeweeglijke kinderen, vooral voor overbeweeglijke kinderen met een ADHD.

1. Eenvoud en structuur

De structuur die overbeweeglijke kinderen nodig hebben, bestaat uit drie onderdelen: *orde, regelmaat en duidelijke, eenvoudige gedragsregels.*

Overbeweeglijke kinderen, vooral die met een ADHD, hebben een *grote behoefte aan orde.* Deze kinderen kunnen de orde en regelmaat zelf niet organiseren; dat zult u voor hen moeten doen. Dit vereist dat de ouders zelf ook hun best doen om hun eigen zaken zoveel mogelijk te ordenen en voor een grote regelmaat te zorgen in de dag- en weekindeling.

Hoe groot de behoefte aan regelmaat van een overbeweeglijk kind is, merkt u het best als de orde en regelmaat wegvallen in vakanties, en vooral gedurende de periode aan het eind van het jaar. Het gedrag van overbeweeglijke kinderen kan dan snel veel moeilijker worden.

U kunt deze kinderen helpen door zelf alle spullen — en zeker die van het kind — een vaste plaats te geven en door het kind te stimuleren en aan te leren dat voor zichzelf te doen.

Overbeweeglijke kinderen zijn geholpen *door een grote graad van regelmaat, door vaste routines.* Ze vinden houvast en rust bij vaste tijdstippen voor opstaan, slapengaan, TV-kijken. Evenals bij vaste routines bijv. bij het slapengaan, elke avond hetzelfde ritueel voor uitkleden, plassen, wassen, sprookje vertellen, onderstoppen, enz.
Uw kind zal zich weleens tegen die discipline verzetten. Dit kan een signaal zijn dat de regelmaat te strak geworden is. Dan is dit het ogenblik waarop u de teugels wat kunt laten vieren. Alvorens hiertoe over te gaan, begint u met een experiment: vertel hem eerst dat u van plan bent de regels wat losser te maken. U zegt hem dat de regels toch weer strikter zullen moeten wanneer na een week blijkt dat hij er zich niet aan kan houden, omdat hij er chaotischer of onrustiger door wordt.
Als gewone kinderen eenzelfde situatie enkele malen na elkaar meemaken, zullen ze die een volgende keer beter en sneller herkennen. De meeste kinderen zullen ook snel verbanden leggen tussen de ene situatie en een andere die er veel op lijkt. Een overbeweeglijk kind, en vooral een ADHD-kind, kan die verbanden dikwijls niet leggen. Door hun gebrekkige aandacht behouden ze slechts onsamenhangende indrukken. De volgende dag beseffen ze niet dat ze in precies dezelfde situatie zijn beland als de dag ervoor. Ze hebben het niet zo gauw in de gaten dat bepaalde situaties oppervlakkig verschillen, maar op belangrijke punten op elkaar lijken.
Integendeel, de aandacht van veel overbeweeglijke kinderen gaat vooral uit naar wat in hun ogen nieuw of anders is, en ze letten er niet op dat belangrijke kenmerken van de situatie precies dezelfde zijn gebleven. In de huiskamer bijv. gelden heel wat regels, zoals: niet schreeuwen, niet op het bankstel springen, niet morsen, van de stereo-installatie afblijven... Een gewoon kind heeft algauw door dat die regels altijd gelden, ook

als er bezoek is; hij weet dat de huiskamer de huiskamer blijft, ook al is er bezoek.

Voor een ADHD-kind is dit niet steeds zo duidelijk. De aandachtsstoornis heeft tot gevolg dat voor hem een huiskamer met bezoekers een totaal nieuwe situatie is, vergeleken met een huiskamer zonder bezoekers. Zijn aandacht gaat hoofdzakelijk uit naar wat nieuw is: de bezoekers. En niet naar wat hetzelfde blijft: de huiskamer en de regels die daar gelden.

Een heel enkele keer is dat een voordeel: hij kan zo geconcentreerd raken op het nieuwe dat hij als door een wonder een tijdje rustig is in een kamer waar hij gewoonlijk altijd rondfladdert. Kinderen redden zich doorgaans in nieuwe situaties door gelijkenissen te vinden met bekende situaties. Bij een ADHD-kind lukt dit niet zo vlot. De kans dat hij in een nieuwe situatie verkeerd reageert of zelf in paniek raakt, is dan ook veel groter. Vooral voor het ADHD-kind is het dus bijv. niet zo vanzelfsprekend dat, als vader boos was omdat hij met een mes speelde, vader ook boos zal zijn als hij met een schaar speelt. Het is voor zo'n kind moeilijker te begrijpen dat, als moeder iets verbiedt, dit ook geldt in een situatie waarin moeder afwezig is. Zodoende ontwikkelen deze kinderen veel moeilijker een eigen 'geweten', een eigen gedragscode.

Om het ADHD-kind te helpen de gelijkenissen in situaties te ontdekken, aan te leren wat belangrijk is in een bepaalde situatie, moeten we de hele opvoedingssituatie zo eenvoudig en zo gestructureerd mogelijk maken.

Alle overbeweeglijke kinderen, maar vooral ADHD-kinderen, hebben *behoefte aan heel eenvoudige regels met duidelijke, positieve, aanmoedigende consequenties bij gewenst gedrag, en negatieve consequenties bij ongewenst gedrag.*

U merkt dat ons advies totaal anders luidt dan kreten als: 'Heb toch wat geduld', 'Laat uw kind zoveel mogelijk zijn gang gaan!', 'Geef hem zijn vrijheid!', 'Geef hem zijn zin!'. Mede uit medelijden en begrip luisteren ouders daar soms naar, maar daarmee helpen ze deze kinderen niet, integendeel. *Liefdevol-*

kordaat duidelijke, eenvoudige eisen stellen, en het gewenste gedrag heel veel aanmoedigen: dat is de enige formule die kans op succes biedt.

Uw eisen en verlangens moeten kort, eenvoudig en ondubbelzinnig zijn. Meestal zo eenvoudig als nodig is voor een veel jonger kind. Het is goed als u ze in één korte duidelijke zin kunt samenvatten: 'Speel nu eens tien minuten (toon hem kookwekker) rustig alleen. Als dat lukt mag je het deeg kneden.'
Vooral voor ADHD-kinderen moeten uw eisen zwart of wit zijn, omdat deze kinderen moeilijker uitzonderingen en nuanceringen kunnen hanteren, zoals: 'misschien een beetje...', 'enerzijds... anderzijds', 'soms... maar soms', 'in het ene geval... maar in het andere...'.
Als iets ooit verboden werd, moet het altijd verboden zijn. Als iets wordt toegelaten, moet het in principe altijd toegelaten zijn. Deze kinderen kunnen nog minder dan andere kinderen overweg met richtlijnen waar de ouders zich de ene keer wel en de andere keer niet aan houden. Ze komen ook in moeilijkheden als de verlangens van de moeder niet overeenstemmen met die van de vader. Ze hebben behoefte aan eenvoudige regels en, als het even kan, slechts één tegelijk.
Nog meer dan andere overbeweeglijke kinderen moet een ADHD-kind heel precies weten wat hij mag en niet mag. U moet als ouders heel duidelijk maken hoever uw kind mag gaan, waar voor hem de grenzen liggen. Bij andere overbeweeglijke kinderen is dit ook noodzakelijk, maar deze kinderen zullen zich na verloop van tijd de structuur, de regels die hun worden gesteld, eigen maken. De structuur die hun wordt aangereikt, wordt een inwendige structuur van het kind zelf. Bij het overbeweeglijke kind met een ADHD verloopt dit proces veel en veel moeilijker. De structuur moet voor hem veel eenvoudiger zijn en u moet de regels veel langer zelf blijven stellen. U moet dit net zolang volhouden tot uw kind zelf de samenhang, de

structuur herkent in situaties die voor hem, meer dan voor een ander, lijken te verschillen.

Het is voor ouders vaak een hele opgave om dit tot het eind toe vol te houden. Begrijpelijk en heel normaal is het dan ook dat u het af en toe eens opgeeft en uw duidelijke structuur laat schieten of zelfs eens uw zelfbeheersing verliest. Daar hoeft u zich niet schuldig over te voelen, want u moet werkelijk een super-ouder zijn om het geduld op te brengen om dit dag in dag uit in goede banen te leiden. Ook super-ouders mogen weleens hun zelfbeheersing verliezen!

Als het kind naar de puberteit toe groeit, zult u als ouder moeten leren minder zelf de structuur op te leggen en het kind geleidelijk aan zijn eigen structuur te laten opbouwen. Bij de meeste overbeweeglijke kinderen lukt dat wel. Bij overbeweeglijke kinderen met een ADHD kan dat echter buitengewoon moeilijk zijn, omdat vanaf het moment dat u de teugels wat te veel laat vieren, de gedragsproblemen snel kunnen verergeren.

2. Verstrooiing vermijden

Als het kind het zo moeilijk heeft met aandacht en concentratie, zult u natuurlijk zoveel mogelijk afleiding en overbodige prikkels voor hem vermijden. Mede daarom adviseerden wij u uw verlangens en instructies zo eenvoudig mogelijk te houden en alle nodeloze zinnen en woorden te vermijden, omdat die de aandacht te veel afleiden.

We kunnen een overbeweeglijk kind ook helpen zich te concentreren op de hoofdzaak *als we in zijn omgeving zoveel mogelijk alle oorzaken van afleiding verwijderen.*

Het overbeweeglijke kind zal zich rustiger gedragen in een prikkelarme situatie. Dit is vooral belangrijk bij het doen van zijn schooltaken. Bij voorkeur maakt hij zijn huiswerk aan een tafel met niets anders erop dan het hoogstnoodzakelijke; hij zit voor een muur zonder versiering, in een kamer met zo weinig mogelijk storende geluiden.

Als u een gewoon kind leert fietsen, doet u dat ook het liefst in een rustig straatje. Maar met een overbeweeglijk kind kunt u het beste een weggetje zoeken zonder huizen en waar nog geen kat voorbijkomt. Dan nog moet u niet al te verbaasd staan, als hij van zijn fiets valt op het moment dat er in de verte een koe loeit.

Aan tafel doet u er goed aan een vrije zone te organiseren rondom het bord van uw overbeweeglijk kind, en de eetsituatie zo rustig mogelijk te houden. Ook als uw kind zijn glas toch weer omgooit, verliest u niet uw kalmte. Als het eten jachtig verloopt (begin op tijd!) of als er drukte of spanning ontstaat, is de kans op ongelukken tien keer groter!

De algemene regel is dus: *vermijd onnodige prikkels en verstrooiing in situaties waar het kind geconcentreerd met één taak bezig moet zijn.*

Op die regel is één zeldzame uitzondering: er zijn kinderen die onrustig worden als ze te weinig prikkels krijgen. Deze kinderen werken geconcentreerder met op de achtergrond een continue stroom van prikkels, bijv. de radio die aanstaat. De enige manier om daarachter te komen is het enkele malen uit te proberen.

3. Voorkomen is beter dan genezen

Meer dan bij andere kinderen zult u met een overbeweeglijk kind *als ouders zelf moeten leren probleemsituaties te voorzien.* U moet eraan denken dat een voor u heel gewone situatie voor een dergelijk kind dikwijls 'nieuw' en *ongewoon* is. U moet uw kind voorbereiden op allerlei nieuwe situaties, en optreden bij het eerste teken dat het misgaat. Denk aan sneeuwballetjes die lawines worden!

U kunt uw kind voorbereiden door hem van tevoren te vertellen wat er te gebeuren staat. Als u ergens op bezoek gaat, vertelt u hem zoveel mogelijk hoe het er daar allemaal uitziet, wie er zal zijn, wat ze zullen doen en wat u daarbij precies van uw kind verwacht.

Een heel handig middel is het rollenspel. U speelt met uw kind de te verwachten nieuwe situatie. Zo kan hij al even inoefenen en wennen aan die situatie. Als een bezoek aan oma op het programma staat, doet u ter voorbereiding alsof de huiskamer oma's kamer is en speelt u zelf even de rol van oma. De eerste keer dat u zo'n rollenspel doet, zult u het gek vinden. Maar dat vergeet u spoedig als u merkt hoezeer dit rollenspel het voor uw kind kan vergemakkelijken.

Om problemen te voorkomen is het, vooral in een nieuwe situatie, goed om *dicht in de buurt van uw kind te blijven*, vooral op momenten dat u weet dat het meestal misloopt.

Bijzonder handig hierbij is het gebruik van signalen. Veel ouders spreken een 'geheim teken' af, zodat ze onopvallend van op een afstandje hun kind een waarschuwing kunnen geven. Het fronsen van de wenkbrauwen of grote ogen opzetten helpt dikwijls. Kinderen vinden het meestal spannender als het een echt 'geheim' teken is, speciaal bedoeld voor hen.

Voorbeeld
Zo leerden de ouders van Dirk hem de 'stop, denk, doe'-methode aan (zie verderop). Ze leerden hem bij 'stop' een vuist te maken zoals bij het gebruiken van een fietsrem. Toen dit werkte, leerden ze hem ook een vuist te maken en 'stop' te denken, telkens als zijzelf zo'n vuist maakten. Dit werkte niet alleen prima thuis, maar zo konden ze ook bij vreemden, door het maken van een vuist, onopvallend heel wat ondoordacht handelen van zoonlief voorkomen. Daarna leerde Dirk om, zonder signaal van zijn ouders, zelf zo'n vuist te maken en 'stop' te denken.

Tenslotte is het een nuttige preventieve maatregel om *instruc-*

tielijstjes te maken. We legden reeds uit dat een overbeweeglijk kind grote moeite heeft gecombineerde instructies op te volgen. De kans op succes is minimaal, wanneer u uw kind iets vraagt in de trant van 'sta op, sla je bed open, doe je pyjama uit, doe een plasje, ga je wassen, kleed je aan en kom dan naar beneden'. De kans is groot dat uw kind dan een plas gaat doen en in de badkamer met tandpasta begint te spelen.

U kunt beter dit lijstje met instructies opschrijven en bijv. tegen de muur van de badkamer hangen. U spreekt dan met hem af dat er een beloning te verdienen valt, als hij het lijstje (of in het begin een deel van het lijstje, denk aan de stapjes!) correct afhandelt.

Ook dit lijkt op het eerste gezicht misschien wat gek en overdreven, maar geloof me: u kunt er allerlei dagelijks terugkerende routines veel eenvoudiger en plezieriger mee maken.

4. Stoppen en nadenken: een reflex van levensbelang

Impulsiviteit is een van de ernstigste en gevaarlijkste verschijnselen van veel overbeweeglijke kinderen. Deze kinderen handelen voortdurend *on*nadenkend, *on*geremd. Ze denken echt niet verder dan hun neus lang is. Ze houden zich niet aan 'bezint eer ge begint'. Hoe kunnen we hun dit aanleren? *Hoe kunnen we hun zelf-controle aanleren?*

Eerst en vooral: dat is altijd een moeilijke opdracht. Er zijn wel enkele hulpmiddelen die bij een aantal kinderen een goed resultaat opleveren.

Sommige kinderen kunt u helpen door hun te leren altijd tot 5 te tellen voor ze iets doen. Als uw kind wat ouder is, kunt u het 'tot 5 tellen' beter vervangen door hem te leren tegen zichzelf te zeggen: *stop-denk-doe*, alvorens hij iets onderneemt. Dit moet een echte reflex worden!

100

Sommige ouders maken er een soort versje of liedje van, omdat het dan nog beter in het geheugen van het kind blijft hangen. Andere ouders koppelen dit aan een spannend verhaal of een TV-held. De gouden regel van 'super-Jan' is: 'Stop Jan, wat ziet Jan, wat hoort Jan, wat denkt Jan, vooruit Jan.'

Voorbeeld 1
Pieter was al een heel stuk gevorderd met de stop-denk-doe-aanpak. Maar op school reageerde hij nog al te vaak impulsief. Als geheugensteuntje voor de klas maakte hij voor zichzelf een 'computertje'. Hij beschilderde een lucifersdoosje, en op de rug van dat doosje schreef hij in computerletters 'stop-denk-doe'. Als hij dan het schuifje vooruit duwde, verschenen die woorden in een raampje uitgesneden uit het deksel.

Voorbeeld 2
Jan loste het anders op. Hij droeg een elastiekje om zijn pols en leerde dit even aan te trekken, te laten schieten en dan te zeggen: 'stop-denk-doe'. Hij vond dat de lichte pijnprikkel hem aan het elastiekje herinnerde en het elastiekje herinnerde hem weer aan zijn versje.

Dit oefent u in het begin tot vervelens toe in: u vraagt uw kind iets en eist van hem dat hij, alvorens eraan te beginnen, hardop zegt of zingt: 'stop-denk-doe' of 'stop-luister-denk-doe'.
In het begin doet u zelf ook mee. Dan mag het kind het stilletjes binnensmonds zeggen. Maar houd goed in het oog of hij het echt wel doet: als hij het goed doet, zal hij altijd eventjes een korte pauze maken alvorens ergens aan te beginnen.
Vergeet vooral niet uw kind flink aan te moedigen, telkens als u merkt dat hij het goed doet!
   U kunt uw kind ook leren hardop tegen zichzelf te praten als hij iets doet. Oefen het eerst zelf: 'Ik kom op de hoek van de straat, ik stap van mijn fiets, ik neem mijn fiets aan de hand, ik kijk links, ik kijk rechts, er komen geen auto's aan, ik steek

rustig over...' Daarna vraagt u aan uw kind of hij hetzelfde wil doen, hardop. Als u uw kind iets aanleert, doet u het volgens de regels van het tweede hoofdstuk, maar u voegt er een regel aan toe: 'Zeg hardop wat je doet', en later: 'Zeg binnensmonds wat je doet'.

Het is een heel goede gewoonte voor ouders van impulsieve overbeweeglijke kinderen om zelf zoveel mogelijk hardop te denken, als ze hun kind iets aanleren. Op die manier zal uw kind ook leren hardop te denken.

Het loont de moeite hier een flinke hoeveelheid aandacht, tijd en energie aan te besteden. Als uw kind erg impulsief is, moet dit 'stoppen en denken' een echte reflex voor hem worden.

Wees niet bang als deze oefeningen wat op 'drillen' gaan lijken, ook al maakt u het plezierig door er een liedje van te maken of er een beloning aan te koppelen.

De impulsiviteit van uw kind veroorzaakt al te dikwijls gevaarlijke en zelfs levensgevaarlijke situaties. De aangeleerde reflex is dan echt van levensbelang! U zult ook zelf wat geruster zijn, als u weet dat uw kind de reflex heeft van minstens enkele seconden te pauzeren en misschien zelfs even na te denken voor hij iets doet.

5. Het inschakelen van broers en zussen

Uw overbeweeglijk kind vergt zoveel van uw aandacht dat u het risico loopt onvoldoende tijd te investeren in de andere kinderen. Dit kunt u voor een deel oplossen door ook de andere kinderen elk zo'n tiental minuten exclusieve aandacht te geven (zie paragraaf 9). U kunt hen ook laten mee-profiteren van de aanleerprogramma's die u organiseert voor uw overbeweeglijke kind. Nadat u aan uw overbeweeglijk kind uitgelegd hebt wat u precies van hem verlangt, legt u het ook uit aan de andere kinderen en u belooft hun ook een beloning waar uw overbeweeglijk kind er een verdient.

Voorbeeld

De ouders van Mark startten een dergelijk plan als volgt. Ze zeiden tegen hun andere kinderen: 'Jullie weten dat Mark het moeilijk vindt om tijdens het eten de hele tijd stil te zitten. Om hem te helpen spreken we af dat hij na het afruimen van de soepborden en na het afruimen van de andere borden even van tafel mag weglopen. Als hij dan verder stil blijft zitten aan tafel, krijgt niet alleen hij maar ook jullie een bon, waarmee...'
Met zo'n strategie delen de broertjes en zusjes van Mark niet alleen in de aandacht van hun ouders en kunnen ze wat bijverdienen, maar bovendien zullen ze hun best doen om broerlief te doen slagen in plaats van de aanpak van hun vader en moeder te boycotten.

We merken overigens nogal eens dat de ogenschijnlijk 'brave' kinderen door een klein gebaar het overbeweeglijke kind op stang kunnen jagen. De ouders hebben dit niet gezien en het overbeweeglijke kind krijgt op zijn kop. Het brave kind zit intussen maar braaf te wezen. Heel wat broers en zussen van overbeweeglijke kinderen zijn meesters in het heimelijk uitlokken van het probleemgedrag van een overbeweeglijk kind. Als er ook voor hen een aanmoediging aan vastzit, is de kans groter dat ze ophouden met ondergronds tegen te werken en dat ze beginnen met mee te werken.
Wanneer het gedrag van het overbeweeglijke kind verbetering vertoont, dan zien nogal wat ouders ineens veel beter het probleemgedrag van het zogenaamde 'brave' kind.

U kunt zelfs nog een stap verder gaan. Oudere kinderen kunt u heel goed de principes van het aan- en afleren van gedrag uitleggen, zoals die beschreven zijn in het tweede hoofdstuk. U kunt hun bijv. leren dat ze beter het tegenovergestelde gedrag

103

aanleren, als ze hun vervelende overbeweeglijke broertje iets willen afleren. Het is telkens weer een verrassing voor ouders om te merken hoe vindingrijk kinderen kunnen zijn op dit gebied. Probeer het eens!

Het is onze ervaring dat er ook in gewone gezinnen (zonder een overbeweeglijk kind) veel meer problemen ontstaan door gebrek aan structuur dan door te veel structuur. Een duidelijke structuur, met vaste regels, is gunstig voor alle kinderen. Elk kind heeft behoefte aan duidelijkheid, elk kind heeft behoefte aan eensgezinde leiding van de ouders. Maar... niet zo extreem als nodig is voor een overbeweeglijk kind.

Het komt erop aan een gulden middenweg te vinden tussen de noden van het overbeweeglijke kind en die van de andere kinderen. Dit is dikwijls niet eenvoudig. U moet echter niet bang zijn om ook voor de andere kinderen structuur aan te brengen en afspraken te maken.

Om al die redenen is het zo ongelooflijk belangrijk dat, als psychotherapie voor een overbeweeglijk kind nodig is, niet alleen beide ouders maar ook de andere kinderen er nauw bij betrokken worden. Als u een therapeut nodig hebt voor uw overbeweeglijk kind, kunt u het beste iemand kiezen die niet alleen goed met kinderen kan werken, maar die ook gewend is met het hele gezin te werken: een zogenaamde gezinstherapeut. Deze houdt zich bezig met alle gezinsleden en heeft ervaring met gedragstherapie. In sommige centra verdeelt men dit werk tussen twee therapeuten: een voor het overbeweeglijke kind en een voor ouders en gezin. Dat is ook prima.

6. Een kleine oase met asielrecht

Iemand die achtervolgd wordt door vijanden, kan vluchten naar een kerk of een ambassade, in de wetenschap dat hij daar

met rust zal worden gelaten. Af en toe moet ook een overbeweeglijk kind kunnen wegvluchten van al die eisen die aan hem
gesteld worden. Die eisen vinden we meestal heel gewoon en
noodzakelijk, maar voor een overbeweeglijk kind zijn ze een
hele opgave, en af en toe kan het echt te veel voor hem worden.
Bij wat oudere, verstandige, overbeweeglijke kinderen kan het
nuttig zijn af te spreken dat een bepaalde ruimte of kamer
'heilig' is. Als het kind er zelf heenvlucht, dan wordt hij daar
met rust gelaten.
Ideaal hiervoor is een prikkelarme ruimte, zonder breekbare
spullen erin, met een minimum aan materialen, allemaal bedoeld om het kind er in alle rust bezig te laten zijn. Te denken
valt aan: een bord met wat krijt; wat tekenpapier; enkele
boekjes; een walkman met muziek waarvan u weet dat uw kind
er rustiger van wordt; enz. Het is belangrijk dat die oase
prikkelarm is. De bedoeling is namelijk dat uw kind er tot rust
komt.
Om verwarring bij het kind te voorkomen, gebruikt u liever
niet de TAVA-ruimte. Dit kamertje kan wel hetzelfde zijn als
het kamertje dat u inrichtte om uw kind er zijn huiswerk te laten
maken. Het hoeft niet groot te zijn. Het kan eventueel de eigen
kamer van het kind zijn; dat is echter meestal minder geschikt,
omdat de kamer van een overbeweeglijk kind zelden prikkelarm, ordelijk en rustgevend is.
Veel ouders die dit systeem uitprobeerden, kwamen tot de
ontdekking dat een speciale *vluchtheuvel* beter werkte. Zoals
altijd waren ze hierin soms erg creatief: een tuinhuisje; een met
spaanplaat afgezette hoek van de garage of van de zolder; een
hiervoor opnieuw ingericht voorraadkamertje; een afgeschermd stuk aan het eind van de gang; de ruimte onder de trap;
enz. Laat uw kind meehelpen om iets te bedenken, ze hebben
soms zelf de beste ideeën.
Probeer vooral zelf die vluchtheuvel echt volledig te respecteren. *Laat uw kind er met rust*, ook als hij erheen vlucht tijdens
een hoogoplopend conflict! Vraag niet om binnengelaten te

105

worden. Profiteer ervan om zelf tot rust te komen en de zaak weer te relativeren.

Maak van die vluchtheuvel geen isoleerruimte: uw kind moet er zelf volledig vrij naar binnen en naar buiten kunnen gaan. Zo'n oplossing kan enorm helpen om een uit de hand lopende vicieuze cirkel waarin kind en ouders steeds meer opgejut raken, te doorbreken. Ook als het kind er zelf voor kiest, ook als hij van u wegvlucht, vooral eigenlijk als hij van u wegvlucht in een hoogoplopende situatie, laat de vluchtplaats dan voor hem alleen.

7. Voldoende ruimte om uit te razen

In heel wat paragrafen hadden we het over allerlei manieren om uw overbeweeglijk kind de voor hem zo noodzakelijke structuur te bieden. U moet de omgeving prikkelarm maken, en voortdurend de grenzen en regels duidelijk stellen.

Uw kind moet echter, méér nog dan elk ander kind, ook letterlijk voldoende ruimte hebben. In elk geval is het zeer moeilijk een overbeweeglijk kind op te voeden in een driekamerflatje op de zesde verdieping. Zoiets is heel erg voor elk kind, maar voor een overbeweeglijk kind (en zijn ouders) is het een ramp. *Een overbeweeglijk kind heeft er grote behoefte aan om zich regelmatig eens volledig uit te leven.*

U moet uw jonge dolle hond regelmatig 'uitlaten', als u wilt vermijden dat uw huisraad sneuvelt. Ideaal is een eigen tuin met minstens een gedeelte waar hij zich naar hartelust kan uitleven. Ga wandelen, geef hem een boksbal (beter dan een zandzak), geef hem de kans echt uit te razen in sport en spel. Een goede judoleraar doet soms wonderen. Laat uzelf ook af en toe eens gaan door bijv. samen te rollebollen of een wild spelletje op te zetten.

Houd uw kind niet binnen als het eens wat slechter weer is,

als het mistig is of regent. Geef hem ook binnen voldoende ruimte om te timmeren (ook al lijkt het resultaat nergens op), om te rommelen en lawaai te maken in een deel van de kelder, een schuurtje, enz.

In dit verband kan een jeugdbeweging uw kind veel goed doen. U kiest dan wel het beste een 'klassieke', dat is: een vrij goed gestructureerde beweging. Het zal dan ook nodig zijn met de — vaak jonge leiding — goed te overleggen en contact te houden. Dit laatste geldt ook als u uw kind laat aansluiten bij een sportclub. Een goed-gemotiveerde oefenmeester van bijv. een voetbal- of judoclub kan uw kind een ideale combinatie aanbieden van discipline, motorische coördinatieoefeningen en uitlevingskansen.

8. Nauwe samenwerking met de school

De samenwerking met de school is on-voor-stel-baar belangrijk! Bij een overbeweeglijk kind zult u het schoolgaan meer van nabij moeten volgen dan bij een ander kind. Het is telkens een verrassende ervaring te merken hoe een overbeweeglijk kind soms prima presteert bij de ene leerkracht, en totaal onhandelbaar is het jaar daarop of omgekeerd. Maar even belangrijk als de aanpak van de leerkracht zelf, is een goede verstandhouding tussen ouders en leerkrachten. *Over het algemeen functioneren overbeweeglijke kinderen het beste in goed gestructureerde wat strengere scholen met duidelijke regels.* Voor sommige kinderen zijn erg vrije scholen goed, maar voor overbeweeglijke kinderen en vooral voor ADHD-kinderen is een ongestructureerde, losse omgeving zelden gunstig.

Vroeger gingen we als therapeut meestal zelf naar de school van een overbeweeglijk kind om met de leraren afspraken te maken over de aanpak in de klas. Uit ons onderzoek bleek dat ouders dit heel goed zelf kunnen. Meer nog: de aanpak op school en de samenwerking tussen de ouders en de school verlopen op langere termijn beter, als de ouders van een overbeweeglijk kind van het begin af aan zélf contact opnemen met de school. Daarom is ons dringend advies: *overleg regelmatig met de school!* Met de leerkracht bespreekt u drie zaken:

1. dat uw kind een overbeweeglijk en/of ADHD-kind is;
2. welke aanpak thuis en bij vroegere leerkrachten het beste effect had;
3. hoe u kunt samenwerken.

Het is niet alleen belangrijk dat de leerkracht weet dat uw kind een overbeweeglijk kind is. U zult ook moeten uitleggen welke de bijzondere problemen zijn van uw kind, vooral als uw kind ook een ADHD heeft. Niet alle leerkrachten weten wat ADHD is. Het beste is om de leerkrachten van uw kind bij het begin van het jaar een exemplaar van deze handleiding te geven en dit samen met hen te bespreken. Het betekent elk jaar een kleine tijdsinvestering die meestal dubbel en dwars rendement oplevert. U kunt dan ook van gedachten wisselen over de aanpak van uw kind, en vertellen wat thuis het beste werkt voor uw kind. Als de klas niet te groot is, kan de leerkracht proberen uw kind zoveel mogelijk op dezelfde manier aan te pakken.

Zoals u weet is het zeer belangrijk dat aanmoedigingen en straffen zo snel mogelijk op het gedrag volgen. Daarom is het dikwijls nuttig, als de leerkracht elke dag (al is het maar één zinnetje) in de klasagenda schrijft hoe het die dag was op school. Als uw kind thuiskomt met een goede opmerking, dan kunt u daar meteen een kleine aanmoediging of beloning aan vastkoppelen.

Voorbeeld
We bespraken deze aanpak met Felix (14 jaar), zijn ouders en een van zijn leraren. Felix wilde liever niet dat zijn leraar iets in zijn agenda schreef, omdat het bij hem op school de gewoonte was dat kinderen in elkaars agenda tekenden, stickers op-

plakten en grapjes schreven. Hij wilde er liever een apart schriftje voor. We noemden dat het 'heen-en-weer-schriftje'. Omdat hij stickers zo leuk vond, stelden zijn ouders voor dat hij bij positieve opmerkingen kleine stickers kon verdienen.

Het is belangrijk dat u als ouders de school goed steunt, dat de leerkracht en de ouders goed samenwerken. Als er zich moeilijkheden voordoen op het gebied van die samenwerking, kan het PMS-centrum (SBD) van de school of uw therapeut bemiddelen. Sommige PMS-centra (SBD's) spelen een prima verbindende rol tussen de leerkrachten en het gezin. Ze kunnen helpen, eventueel in samenwerking met een *remedial teacher*, om de behandeling van de leermoeilijkheden op de gewone school te organiseren. Als het echt helemaal misloopt organiseren wij soms een bijeenkomst met ouders, PMS-centrum (SBD) en de leerkracht. Als u hulp zocht bij een gezinstherapeut, zal deze meestal ook wel bereid zijn zoiets te organiseren. Vraag het gerust!

U moet er wel rekening mee houden dat het voor een leerkracht met 25 kinderen heel moeilijk is om aan elk kind afzonderlijk aandacht te besteden. Moeilijker dan voor ouders met bijv. drie kinderen. Daarom is onderwijs in kleinere klassen met een meer individuele aanpak voor sommige overbeweeglijke kinderen een noodzaak. Dit is mogelijk binnen het Bijzonder of Speciaal Onderwijs.

Heel wat ouders veroorzaken voor hun kind te lange tijd extra-problemen, doordat ze weigeren hun kind naar Speciaal (Bijzonder) Onderwijs te sturen. Maar ook de gewone scholen zelf verzetten zich soms te lange tijd tegen overplaatsing naar dat soort onderwijs. Soms probeert een gewone school kost wat kost een kind te houden voor wie een individuele aanpak — in kleine klassen en met gespecialiseerde leerkrachten — veel geschikter is.

Begrijpelijkerwijs hebben de meeste ouders moeite om te aanvaarden dat hun kind soms beter naar het Speciaal (Bijzonder)

109

Onderwijs kan overstappen, maar denk eraan: *sommige kinderen, ook intelligente overbeweeglijke kinderen, doen het daar beter en komen verder met aangepast Speciaal (Bijzonder) Onderwijs dan met gewoon onderwijs.*

Soms is het een probleem om een goede school voor Speciaal (Bijzonder) Onderwijs te vinden, omdat op een aantal scholen kinderen met zeer verschillende problemen — bijv. gedragsproblemen, karakterstoornissen — samen in één klas zitten. Daardoor wordt de klas te onrustig voor uw kind. Het is goed om hierover te overleggen met de betreffende school en het PMS-centrum (SBD), met andere ouders van overbeweeglijke kinderen of met de plaatselijke vertegenwoordigers van de ouderverenigingen 'Balans' of 'Zit Stil'.

9. Onvoorwaardelijke liefdevolle koestering

U moet echt buitengewone ouders zijn om een overbeweeglijk kind enerzijds de structuur, controle en striktheid te geven die hij nodig heeft, en anderzijds warm en liefdevol voor hem te zijn.

Het volgende is voor een jong kind bijv. een prachtig 'liefkoos'-spelletje. Met open armen gaat u op uw hurken zitten, u laat uw kind naar u toe lopen, omhelst hem dan innig en tolt hem in de rondte. Als u zoiets met een overbeweeglijk kind probeert, is de kans groot dat dit spelletje zo 'ongeremd' gebeurt dat u omver gelopen wordt en een pijnlijke elleboogstoot krijgt. Het gevolg is ofwel dat u het niet meer doet, ofwel helemaal gespannen, in het 'defensief' bent als u het wel doet. Dat laatste geeft natuurlijk een veel minder innig en warm gevoel dan wanneer u het lekker ontspannen doet.

Dit is maar een klein voorval. Tussen een overbeweeglijk kind en zijn omgeving spelen er zich echter zo tientallen af per dag. Hierdoor bestaat het gevaar dat een overbeweeglijk kind warmte, nabije liefde en genegenheid te kort komt. Dit soort liefde is belangrijk op zichzelf. Ook is het van belang dat uw kind leert zo'n goede relatie te waarderen en er zich voor in te zetten die relatie in stand te houden.

Een kind dat een liefdevolle relatie mist, wordt ook weinig gestimuleerd om zich in het standpunt van iemand anders te verplaatsen, om zich met iemand anders te identificeren. Een kind dat regelmatig warm en liefdevol behandeld wordt, zal telkens proberen meer van die genegenheid te krijgen. Daarvoor zal hij moeten leren zien wat zijn ouders waarderen. Een kind leert op die manier te achterhalen wat andere mensen belangrijk vinden en daar rekening mee te houden. Dit heeft dan weer tot gevolg dat het kind het gedrag van andere mensen beter begrijpt, dat voor dit kind de wereld meer voorspelbaar wordt.

Een overbeweeglijk kind heeft echter zo'n behoefte aan duidelijke en strikte regels dat er van liefdevol koesteren dikwijls weinig terechtkomt. Temeer omdat een overbeweeglijk kind zelfs met de beste aanpak nog zo dikwijls iets verkeerds doet, iets beschadigt of iets kapotmaakt en omdat het koesteren zelf door zijn ongeremdheid zo dikwijls onaangenaam afloopt.

Gelukkig zal uw kind al een gezonde dosis positieve aandacht en waardering krijgen, wanneer u van een mopper- en strafaanpak overschakelt op de aanmoedigende aanpak van het tweede hoofdstuk.

Het is echter heel belangrijk dat rustige liefdevolle momenten elke dag bewust gepland worden. Als u het aan de spontane gang van zaken overlaat, bestaat maar al te gemakkelijk de kans dat er bij een overbeweeglijk kind niets of te weinig van terechtkomt. Dit is geen liefde op bevel, maar wel een gepland rustig (als dat lukt), liefdevol en ontspannen samenzijn per dag. Dikwijls heb ik ouders van overbeweeglijke kinderen aangeraden elke dag tien minuten alléén met hun kind door te brengen. De ene dag vader, de andere dag moeder. Tien minuten zonder klagen, zonder zeuren, zonder anderen in de buurt. Tien minu-

111

ten met uw kind alléén onder vier ogen. Tien minuten om een sprookje of een verhaal te vertellen, om te vertellen over toen u zelf klein was, om een spelletje te spelen, om wat te ravotten, om een beetje uit te rusten op uw schoot. Tien minuten — zelfs als het een 'rotdag' is geweest. Die tien minuten per dag zijn echt een ongelooflijk goed geneesmiddel voor een overbeweeglijk kind. *Doe het!*

In het begin vraagt dat dikwijls een weloverwogen inspanning en organisatie. Later gaat het dan meer vanzelf en wordt dit koesteren een vanzelfsprekende goede gewoonte.

10. Eis een minimum aan respect

Respect is iets dat u krijgt en verdient om wie u bent, om wat u bent en om de waarden die u vertegenwoordigt. Respect moet u ook willen afdwingen. Als u toelaat dat uw kind u zonder respect behandelt, dan zal hij u met steeds minder respect gaan behandelen.

Als u toelaat dat uw kind u uitscheldt voor trut, kutwijf, lul, smeerlap...

Als u toelaat dat uw kind u onbeschoft behandelt, u kleineert, u slaat...

Als u toelaat dat uw kind in uw borsten knijpt...

Als u toelaat dat uw kind u publiekelijk belachelijk maakt...

Dan zal niet alleen dit gedrag toenemen, maar bovendien raakt uw autoriteit als opvoeder ondermijnd.

Zonder dit respect, zonder autoriteit, zult u met de richtlijnen van dit boek geen succes behalen. *Zonder dit respect, zonder autoriteit, zult u de opvoeding van uw kind niet tot een goed einde kunnen brengen.*

Soms ben ik echt geschokt als ik zie hoe ouders zich door hun kind laten behandelen, uit laksheid dan wel met de beste bedoelingen. Meer dan eens heb ik ouders 'wakker geschud' met

112

de krasse uitspraak: 'Wie zich als een vaatdoek laat behandelen, wordt ook als een vaatdoek behandeld.'

Een minimum aan respect van de kant van de kinderen is een hoeksteen voor de opvoeding, zeker voor de opvoeding van een overbeweeglijk kind. Dit betekent niet dat een kind niet eens mag schelden, als hij erg boos of gefrustreerd is. Niet elke vorm van schelden kan echter door de beugel. Begrip hebben voor zijn boosheid, betekent niet dat u elke uiting van boosheid hoeft te accepteren.

Een betere reactie van de ouder is er een in de trant van: 'Ik kan begrijpen dat je daar boos om bent (...) maar dát woord wil ik geen tweede maal horen; (...) maar zo'n gebaar pik ik niet.'

Te veel ouders van overbeweeglijke kinderen accepteren een te verregaand gebrek aan respect, vanuit begrip voor de problematiek van hun kind.

Dat minimum aan noodzakelijk respect gaat niet alleen teloor als ouders het niet meer voor zichzelf opeisen. Soms ondermijnen ouders ook elkaar. Ouders zullen van hun kinderen geen respect ontvangen, als ze geen respect tonen ten opzichte van elkaar. En dat zal zeker het geval zijn wanneer ze er genoegen in scheppen als hun partner zonder respect behandeld wordt.

Voorbeeld
Therapeut: 'Als in de trein een man uw vrouw zou uitschelden voor kutwijf, hoe zou u dan reageren?'
'Ik timmer hem in elkaar.'
'En als uw twaalfjarige zoon uw vrouw voor kutwijf uitscheldt, dan reageert u niet!'

Als dit respect verloren is gegaan, zijn er soms flinke maatregelen nodig om het te herstellen. De allerbelangrijkste eerste stap is het vaste voornemen dit respect op te eisen.

Eerst moet u ondubbelzinnig duidelijk maken welke woorden en gedragingen u in geen geval meer accepteert. Dan moet u bedenken hoe u uw kind zult aanmoedigen, als hij reageert met respect. Tenslotte moet u beslissen welke maatregelen u zult treffen als uw kind u weer eens met een totaal gebrek aan respect behandelt.

Samen met TAVA is een van de betere maatregelen: de *zorgenstaking*. Bij een zorgenstaking legt bijv. u als moeder uw kind uit dat, als hij u niet het minimum aan respect betoont dat een moeder van een kind mag verwachten (en datgene wat u niet langer accepteert, moet u ondubbelzinnig naar voren brengen), u ermee ophoudt voor hem te zorgen, totdat hij heeft aangetoond u echt als moeder te respecteren.

Mondelinge excuses zijn gewenst, maar niet voldoende: hij moet zich een tijdje echt anders ten opzichte van u gedragen. In afwachting daarvan houdt u op met voor hem de honderden dagelijkse karweitjes uit te voeren die een moeder voor een kind doet. U houdt op voor hem te koken, te wassen, op te ruimen, boodschappen te doen, enz. De andere ouder moet die staking zoveel mogelijk ondersteunen. Vader: 'Als jij mijn vrouw (in dit geval beter dan: 'jouw moeder') op die manier behandelt, dan hoef je op mij niet meer te rekenen om... en wel zolang tot ik merk dat je haar als je moeder behandelt.'

11. Verwacht geen onmiddellijk resultaat

Af en toe gebeurt het dat kinderen vrijwel onmiddellijk positief reageren op de aanpak die we in dit boek beschreven. Meestal moet u als ouders eerst door een korte maar moeilijke overgangsperiode heen, alvorens resultaat te zien.

Als ouders hun aanpak veranderen, dan zien we dikwijls dat het kind aanvankelijk tegen die verandering tekeergaat, dat hij die verandering het liefst ongedaan wil maken. Dat is voor u even een moeilijke situatie, maar in feite is het een gezonde reactie van uw kind. Voordat uw kind zich aan de nieuwe aanpak gaat houden, doet hij er goed aan om hem eerst goed voor zichzelf uit te testen, om er zeker van te zijn dat die aanpak hem een solide houvast biedt.

U moet zich voorstellen dat voor uw kind een heel nieuwe situatie ontstaat, hij begeeft zich op glad ijs. Hij doet er dan ook goed aan dat ijs eerst uit te testen, door er flink tegenaan te schoppen. *Als u volhoudt, biedt u uw kind houvast en pas dan kan hij zich ten volle aan de nieuwe aanpak overgeven.*

U zult merken dat het voor u moeilijk en soms heel moeilijk zal zijn om mijn adviezen op te volgen. U zult merken dat het moeilijk is om uw eigen gedrag als opvoeder te veranderen. *Als dat inderdaad moeilijk voor u is, bedenk dan dat het voor uw overbeweeglijk kind nog moeilijker is om zijn gedrag te veranderen!* De nieuwe aanpak is voor hem nog moeilijker dan voor u. Heb geduld met hem én met uzelf.

Samenvatting

Een overbeweeglijk kind moet zeer eenvoudige opdrachten en regels krijgen met duidelijke, positieve, aanmoedigende consequenties. Maar ook met negatieve consequenties, indien het kind niet doet wat hem gevraagd wordt.

We kunnen een overbeweeglijk kind ook helpen zich te concentreren op de hoofdzaak, en wel door in zijn omgeving zoveel mogelijk dingen die afleiding veroorzaken, te vermijden. Met andere woorden: een overbeweeglijk kind zal rustiger zijn in een prikkelarme situatie. Dit is vooral belangrijk als hij thuis zijn schooltaken doet.

Veel meer dan bij andere kinderen zult u bij een overbeweeglijk kind zelf moeten leren probleemsituaties te voorkomen. U moet er vooral goed aan denken dat een situatie die voor u heel gewoon is, vooral voor een ADHD-kind dikwijls 'nieuw' en ongewoon is. U moet uw kind dan ook meer voorbereiden op allerlei situaties, en optreden bij het allereerste signaal dat er iets misgaat.

Dikwijls hebben de ouders het niet door dat het zogenaamde brave modelbroertje of -zusje ongezien olie op het vuur gooit. Houd er rekening mee dat de prikkelverarming en de strakke structuur, nodig voor overbeweeglijke kinderen, niet altijd even goed uitwerken bij de andere kinderen.

Zorg eventueel voor een prikkelarme plaats waar asielrecht geldt, en geef in het algemeen uw kind voldoende ruimte om uit te razen.

Een gouden regel is: werk heel nauw samen met de school! Het is dikwijls een verrassing te merken hoe een overbeweeglijk kind soms prima presteert bij de ene leerkracht en totaal onhandelbaar is het erop volgende jaar, of vice versa.

Even belangrijk als de aanpak van de leerkracht zelf is echter een goede verstandhouding tussen de ouders en de leerkrachten!

Wacht ook niet te lang om hulp in te roepen van het Bijzonder (Speciaal) Onderwijs, als het op de gewone school niet goed gaat.

Geef uw kind ook dagelijks uw onvoorwaardelijke liefde en genegenheid en laat dit niet aan de spontane gang van zaken over. Het beste kunt u dit liefdevol samenzijn inbouwen in de dagelijkse routine.

Eis een minimum aan respect. Zonder min of meer vanzelfsprekende autoriteit lukt het niet een overbeweeglijk kind op te voeden.

En tenslotte: verwacht geen onmiddellijk resultaat. Als u merkt dat het voor u moeilijk is om uw 'opvoed-gedrag' te veranderen, denk er dan aan dat het voor uw kind *nóg* moeilijker is om zijn gedrag te veranderen.

VIJFDE HOOFDSTUK

Overbeweeglijke kinderen hebben eensgezinde ouders nodig

1. Een overbeweeglijk kind alleen opvoeden is heel moeilijk

Om de problemen met een overbeweeglijk kind op te lossen, moeten de ouders zeer goed samenwerken.

In het eerste hoofdstuk legde ik uit dat heel wat kinderen overbeweeglijk worden door een verkeerde opvoeding of door psychosociale stress. Bij die 'gewone' overbeweeglijke kinderen moet de samenwerking tussen de ouders perfect zijn, zolang deze bezig zijn de zaak terug in het juiste spoor te krijgen. Naderhand kan het dan allemaal weer wat losser en meer ontspannen.

De ouders van een overbeweeglijk kind met een ADHD daarentegen moeten een super-team vormen. Het is een nooit aflatende zware opdracht zo'n kind op het juiste spoor te krijgen en te houden. Daarom vind ik het zo erg als men domweg beweert dat de ouders de oorzaak zijn van de problemen van deze kinderen. Dat de opvoeding van zo'n kind een zware opdracht is, zal iedereen begrijpen na het lezen van het zesde hoofdstuk. Soms is die opdracht zo zwaar dat het gezin er barsten door gaat vertonen. Dikwijls herstellen die barsten zich vanzelf als de ouders eenmaal goed en praktisch advies krijgen omtrent de meest efficiënte aanpak van hun kind.

Dan weer zijn de gezinsproblemen zo groot geworden dat het aanleren van de juiste aanpak van het kind alleen niet meer voldoende is. Therapeuten moeten dan aandacht besteden aan de wijze waarop het gezin als geheel functioneert. Dit wordt *gezinstherapie* genoemd. Aarzel niet om op een gezinstherapeut beroep te doen als u de indruk hebt dat de gezinsrelaties of de echtelijke relaties nadelig beïnvloed worden door de problemen met uw kind.

Om als alleenstaande ouder een overbeweeglijk kind op te voeden is een driedubbel zware taak. Deze ouders moeten *er vooral zorg voor dragen dat ze voldoende sociale steun ondervinden van volwassenen om hen heen.* Het is voor hen, veel meer nog dan voor ouderparen, uitermate belangrijk dat ze beschikken over enkele buren, familieleden, vrienden en kennissen op wie ze kunnen rekenen, bij wie ze steun en begrip kunnen vinden, bij wie ze hun desillusie, ellende en andere negatieve gevoelens ten opzichte van hun kind eens lekker kunnen ventileren, of ook: bij wie ze hun wildebras eens kwijt kunnen.

Er zijn echter ook heel wat ouderparen waarvan een van de twee bezig is hun overbeweeglijk kind 'alléén' op te voeden. Meestal is dit een situatie waarin de opvoeding helemaal op de schouders van de moeder neerkomt. Dit gaat vaak mis.

De opvoeding van een overbeweeglijk kind is te vergelijken met een kar, een zware kar, die ouders moeten trekken en die door een ongeval van de weg is geraakt. Ze zitten met de kar in de modder en raken er niet uit. Hoewel de ouders op alle manieren hebben geprobeerd die kar weer op de weg te krijgen, lukt het hun niet. Integendeel, ze hebben de indruk dat hun kar steeds dieper in de modder wegzakt.

Al hun goede huis-, tuin- en keukenmiddeltjes waarmee ze hun andere kinderen goed opgevoed hebben, zijn uitgeprobeerd, maar met dit kind wil het op die manier niet lukken.

Wat ziet u dan gebeuren? De een probeert dit, de ander gaat daar niet mee akkoord en er ontstaat ruzie tussen de ouders. De kar staat intussen in de modder, het ene paard trekt in de ene en het andere paard in de andere richting. Zo krijgen ze die kar nooit uit de modder.

Een van de belangrijkste zaken die we bewerkstelligen, als we aan het werk gaan met gezinnen met een overbeweeglijk kind, is de beide ouders eensgezind samen laten werken. Sámen krijgen ze hun kind meestal wél in het juiste spoor.

In een gezin met een overbeweeglijk kind zal vader meestal meer huishoudelijke en opvoedingstaken op zich moeten nemen. Soms veroorzaakt dit problemen. Dit mede als gevolg van de opvoedingstradities in onze cultuur. Daardoor komt niet alleen vader er niet aan toe dat 'vrouwenwerk' te doen, maar houdt ook moeder eraan vast dat dat 'vrouwenwerk' tot haar domein behoort. Die gewoonten van: wat is de taak van vader en wat is de taak van moeder, die moeten dan veranderen. En dat is moeilijk, vooral in het begin.

Soms is het, om welke praktische redenen dan ook, werkelijk niet mogelijk om als ouders echt samen de kinderen op te voeden. In het algemeen komt dan de opvoedingstaak grotendeels op de moeder neer. Op zich is dit geen slechte werkverdeling, op vier voorwaarden:

— dat iedereen het met die taakverdeling eens is;

— dat er duidelijke afspraken over bestaan;

— dat het uitvoeren van die opvoedingstaak gewaardeerd en gesteund wordt;

— en het allerbelangrijkste: dat beide ouders het met elkaar eens zijn over de wijze waarop de kinderen opgevoed worden.

Als ouders onderling afspreken dat de opvoeding van een overbeweeglijk kind grotendeels moeders taak zal zijn, dan blijven toch minstens drie zaken tot vaders verantwoordelijkheid behoren:

— vader moet moeder steunen: door haar als vrouw te verwennen, door haar werk als opvoeder te waarderen en door aan de kinderen duidelijk te tonen dat hij het met haar eens is, dat hij vierkant achter haar beslissingen staat;

— vader moet bereid zijn af en toe op te treden, wanneer moeder zijn hulp inroept;

— vader moet af en toe de opvoedingstaak eens een tijdje

119

overnemen om moeder een adempauze of wat tijd voor zichzelf te gunnen.

Door zijn inbreng via steun aan moeder kan vader meewerken aan het welslagen van de opvoeding van het overbeweeglijke kind. Als vader die rol niet op zich wil nemen, is de kans groot dat moeder al te gefrustreerd raakt. Als ze haar ongenoegen dan bovendien niet kan uiten, is het heel goed mogelijk dat moeder overspannen of depressief wordt. En dit zal de gedragsproblemen van het kind alleen nog maar verergeren. Daarbij komt nog het risico dat het kind de klappen krijgt die eigenlijk voor vader bedoeld zijn.

2. Als vader en moeder het niet met elkaar eens zijn, gaat het mis

Als vader en moeder het niet met elkaar eens zijn over de aanpak van hun overbeweeglijk kind, zullen ze er niet in slagen hem goed op te voeden. Er bestaat weinig kans dat zij met succes hun kind het gewenste gedrag aan, en het ongewenste gedrag af kunnen leren. Het is niet nodig dat vader en moeder het voortdurend roerend met elkaar eens zijn. Dat is een onbereikbare, misschien zelfs ongewenste situatie. Maar als een overbeweeglijk kind gedrag aan- of afgeleerd moet worden, is eensgezindheid een onmisbare voorwaarde.

Wanneer ouders er verschillende opvoedingsregels en een verschillende aanpak op nahouden, dan is zo'n situatie te vergelijken met die in het verkeer waar twee verkeersreglementen tegelijkertijd gelden.

Stelt u zich eens voor dat u met de auto of de fiets op straat komt en dat het ene verkeersreglement zegt: voorrang voor het verkeer van links, en het andere: voorrang voor het verkeer van rechts. De ene verkeersregel zegt: stoppen bij rood licht, en het andere: doorrijden bij rood. Ik denk dat u er ook angstig en onrustig van zou gaan worden. Beide verkeersreglementen afzonderlijk zijn in principe even goed, maar twee van zulke reglementen tegelijkertijd veroorzaken een zeer verwarrende, angstige situatie.

De opvoeding wordt een groot probleem, indien de relatie tussen de ouders (of tussen de opvoeders) onderling niet al te best of ronduit slecht te noemen is. Catastrofaal wordt het, wanneer zij elkaars aanpak ondermijnen en bijv. met het kind samenspannen tegen de andere ouder in. Dit komt helaas vaker voor dan u denkt. Dikwijls beseffen de ouders het zelf niet eens dat ze daarmee bezig zijn. Hoe dan ook: dat is altijd een ramp voor het kind. *Ernstige problemen met kinderen kunnen niet worden opgelost, als de ouders het niet met elkaar eens zijn omtrent de aanpak.*

Dat is ook logisch, want juist voor een overbeweeglijk kind moet het bijzonder duidelijk zijn wat van hem verwacht wordt. Een ongelijke aanpak zal tot gevolg hebben:

— dat het kind niet precies weet wat wel en wat niet mag;

— dat ongewenst gedrag nu eens wel (door de ene ouder) dan weer niet (door de andere ouder) aangemoedigd wordt. Dit af en toe aanmoedigen is de 'ideale' manier om ongewenst gedrag in stand te houden en te doen toenemen.

Gezinnen komen op deze manier vrij snel in een voortdurend slechter wordende situatie terecht: de ouders zijn het niet met elkaar eens over de aanpak — daardoor neemt het ongewenste gedrag van het kind toe — dat verscherpt de onenigheid tussen de ouders — het ongewenste gedrag breidt zich uit — de echtelijke relatie komt in het gedrang — wat nog minder eensgezindheid betekent — enz.

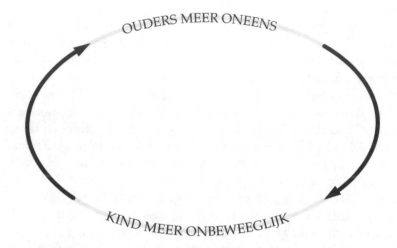

Als er over de opvoeding van het kind geen eensgezindheid heerst, ontstaat bovendien een *'helse driehoek'*.
Stel: er is een conflict tussen vader en moeder. Het kind komt terecht in een moeilijke situatie. Zegt vader 'zwart' en moeder 'wit', dan moet het kind kiezen. Kiest het kind 'wit', dan heeft hij ruzie met vader. Kiest het kind 'zwart', dan heeft hij een conflict met moeder.
Met andere woorden: het kind staat voor een onoplosbaar dilemma.

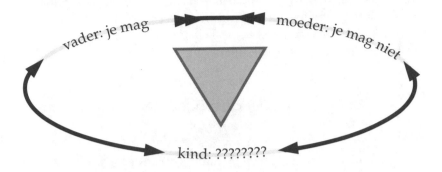

Het kind kan er bovendien een actieve rol in spelen. Hij kan gebruik maken van de situatie waarin vader en moeder niet meer tot overeenstemming komen. Als er gebrek aan eensgezindheid heerst tussen de ouders (of tussen om het even wie van de opvoeders, bijv. tussen school en gezin), kan het kind 'verdeel-en-heers' spelen. Gesteund door de ene ouder is hij dan de andere de baas. Het kind krijgt dan zijn zin in situaties waar dat slecht voor hem is.

Er kan ook een coalitie ontstaan tussen één ouder en het kind. De andere voelt zich flink machteloos als de ene het kind altijd de hand boven het hoofd houdt. Soms zal het probleemkind een soort bliksemafleider worden. Als de spanning tussen de ouders te hoog oploopt, gaat hij iets geks doen en de spanning ontlaadt zich op zijn hoofd.

Het is on-ge-loof-lijk belangrijk zeer goed in te zien dat *niemand persoonlijk de oorzaak is als het zo misloopt;* dat alle relaties in het gezin elkaar beïnvloeden; dat er niet één schuldige is maar dat het gezin als geheel niet goed functioneert. Dat inzicht is belangrijk voor alle ouders, omdat er zo dikwijls onterechte verwijten heen en weer gaan: 'Ja maar, het is omdat jij je met alles bemoeit', of: 'Het is omdat jij niets doet.' De ene partij vindt dat de oorzaak bij moeder ligt, de andere partij ziet vader als de grote schuldige. Zelf-hulpverleners doen er soms ijverig aan mee: 'Ja, met zo'n moeder is een kind natuurlijk onhandelbaar.' Een dergelijke opstelling heeft geen enkele zin en helpt ons echt niet vooruit. Als u er zelf niet uitkomt, roep dan de hulp in van een gezinstherapeut.

3. Hoe de samenwerking tussen de ouders soms misloopt

Als de samenwerking tussen de ouders misloopt, gaat dit meestal op twee manieren:
1. Soms kan een van de partners — meestal is dat de vader — het hele probleem niet meer aan en 'loopt weg'. Hij gaat er niet noodzakelijk letterlijk vandoor. Hij blijft wel aanwezig maar 'is' er niet meer. Hij bemoeit er zich niet meer mee.

De moeders begrijpen die reactie wel, maar blijven toch zitten met tegenstrijdige gevoelens. Ze houden van hun man, ze begrijpen dat hij het beu is, maar terzelfder tijd voelen ze zich in de steek gelaten. Ze durven dat laatste niet openlijk te uiten uit angst voor nog meer ruzie. Maar of ze willen of niet, ze laten het toch merken. Maar ook het kind voelt dit, merkt dit. Dat verhoogt bij hem de kans op probleemgedrag.

Deze situatie van verwijdering kan ook ontstaan na een periode van ernstig conflict tussen de ouders. De ouders slagen er niet in hun conflict samen op te lossen en een van beiden reageert met een uitspraak als: 'Doe het dan maar volgens jouw idee.'

Let wel: dit is een totaal andere situatie dan die waarin de ouders na onderlinge afspraak en in een goede verstandhouding afspreken dat vooral moeder zich met de opvoeding zal bezighouden. Maar maak uzelf toch ook niets wijs: in sommige gezinnen durft men het conflict niet onder ogen te zien en komt

het tot zo'n werkverdeling 'voor de lieve vrede', zonder dat beide ouders er echt gelukkig mee zijn, zonder dat aan de voorwaarden uit de vorige paragraaf werkelijk is voldaan.
2. In andere gezinnen wordt de relatie tussen de ouders ronduit slecht. Ze zijn het voortdurend met elkaar oneens, er is onafgebroken ruzie tussen de ouders. Als moeder dan erg betrokken is op haar kind, is er veel kans dat er ook een slechte relatie zal ontstaan tussen vader en het probleemkind.
De ouders gaan elkaar ervan beschuldigen dat de ander de oorzaak is van het hele probleem.

U moet er ook rekening mee houden dat in een gezin met een probleemkind dikwijls een polarisatie tussen de ouders ontstaat. Dat wil zeggen dat de standpunten tussen de ouders de neiging vertonen steeds verder uit elkaar te groeien.
Bijv.: hoe toegeeflijker vader is, des te meer vindt moeder dat ze streng moet zijn. Hoe strenger moeder optreedt, des te meer wil vader dit compenseren door nog toegeeflijker te zijn. Dit wil moeder dan goed maken door nog veeleisender te zijn, enz... Het toenemend gebrek aan eensgezindheid heeft dan weer tot gevolg dat zoonlief almaar onhandelbaarder wordt, waartegen moeder zich nog strenger en vader zich nog toegeeflijker opstelt...
Kortom: het wordt een vicieuze cirkel en beide ouders groeien meer en meer uit elkaar. Vader wordt almaar toegeeflijker, moeder almaar strenger en zoonlief almaar onhandelbaarder.

FIGUUR 14

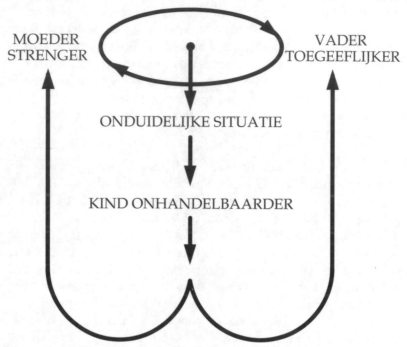

MOEDER
STRENGER

VADER
TOEGEEFLIJKER

ONDUIDELIJKE SITUATIE

KIND ONHANDELBAARDER

Het is buitengewoon belangrijk goed te begrijpen dat niemand er de oorzaak van is als de relaties in een gezin op die manier verkeerd lopen. Onthoud goed dat elke relatie de ander beïnvloedt en door de ander beïnvloed wordt. *Niemand is er de oorzaak van dat het misloopt, maar iedereen is er medeverantwoordelijk voor dat het verandert.*

Om er wat aan te veranderen zijn er altijd verschillende mogelijkheden: opdat moeder wat minder streng zou optreden, zal er een toenadering tussen vader en haar moeten ontstaan en zal vader strenger moeten worden. Maar ook: als moeder minder streng is, zal vader gemakkelijker bij haar aansluiten en wat strenger kunnen worden.

126

Als u er zelf niet uitkomt, doe dan beroep op een relatie- of gezinstherapeut.

4. Niet alleen de ouders maar alle voor het kind belangrijke volwassenen moeten goed samenwerken

In sommige gezinnen spelen de grootouders, familieleden, buren, en soms ook oudere zussen of broers van het probleemkind een belangrijke rol bij zijn opvoeding. Voor een probleemkind is het enorm belangrijk dat al deze volwassenen zoveel mogelijk samenwerken. Hoe meer ze dezelfde methoden volgen, dezelfde eisen stellen, dezelfde aanmoedigingen en straffen geven, des te beter is dat voor het kind. *Hoe eensgezinder de aanpak, hoe beter!* Wees niet bang om met al deze mensen te gaan praten. Geef hun zo nodig deze handleiding te lezen.

Voorbeeld
De ouders van Joris (15 jaar) riepen mijn hulp in, omdat hij steeds maar ongehoorzamer werd en voor de derde keer gestolen had. De laatste keer was hij 's nachts de slaapkamer van zijn ouders binnengeslopen en had vaders portefeuille uit diens broekzak gevist.
Zoals het gezin in mijn spreekkamer zat, begreep ik niet hoe het kwam dat die betrokken, bekwame, liefdevolle, kordate, eensgezinde ouders er niet in slaagden het gedrag van hun zoon in de juiste banen te leiden. In dit eerste gesprek hoorde ik dat oma ook in huis woonde.
Voor het volgende gesprek nodigde ik het hele gezin samen met oma uit. Om beter te begrijpen wat er gebeurd was, vroeg ik Joris om in een rollenspel uit te beelden hoe hij die portefeuille van zijn vader gepikt had. Joris ging helemaal in dit spel op en speelde dat hij de slaapkamer binnensloop, op zijn tenen voor-

zichtig naar de broekpers liep, de portefeuille uit zijn vaders broekzak rolde, de kamer uitsloop, het geld uit de portefeuille nam, en opnieuw de kamer binnensloop... Joris was wat zenuwachtig-lacherig terwijl hij met zijn rollenspel bezig was. Vader en moeder keken heel ernstig en bezorgd toe. En oma... die zat stralend en trots naar haar kleinzoon te kijken; ze had een houding van: 'Kijk dat kereltje nou toch eens!'

Ik stuurde alle kinderen naar buiten, en met de volwassenen had ik het toen over oma's rol in het gezin. In mijn aanwezigheid konden de ouders vertellen dat ze zich door oma helemaal niet gesteund voelden, integendeel, dat ze zich voortdurend voelden alsof de poten onder hun stoel vandaan werden gezaagd. Oma steunde Joris tegen hen in, omdat hij zo op haar overleden man leek.

Hierna bracht ik een betere overlegsituatie op gang tussen Joris' ouders en oma. Daarbij legde ik er de nadruk op dat het probleem niet op te lossen zou zijn als niet alle volwassenen samenwerkten. Pas nadat oma op één lijn met de ouders ging zitten, verdween het probleemgedrag van Joris.

Vooral als er nog volwassenen onder hetzelfde dak wonen, of als andere volwassenen voor uw kind zorgen terwijl u bijvoorbeeld werkt: zorg ervoor dat die eensgezind meewerken. Mochten zich op dit gebied ernstige moeilijkheden voordoen (bijv. met grootouders), dan kan dat een goede reden zijn om advies te vragen aan een gezinstherapeut. U kunt met hem/haar overleggen hoe u die mensen het beste mee kunt laten werken. Indien nodig brengt u ze gerust mee op de afspraak met uw therapeut.

5. Zorg goed voor uzelf en voor de relatie met uw partner

Het opvoeden van een overbeweeglijk kind en vooral van een overbeweeglijk ADHD-kind is een hele opgave. Het gevaar bestaat dat u er als ouders *te veel* mee bezig bent! Uw overbeweeglijk kind heeft uw hulp nodig, maar hij mag niet alle aandacht voor zichzelf alleen opeisen. U moet regelmatig tijd vrijmaken voor uzelf, om eens iets leuks te doen: alléén, als echtpaar of met de rest van het gezin. *Het is belangrijk voor uw kind dat u goed voor uzelf zorgt.* Dus: houd uw eigen vrijetijdsbesteding, uw vrienden, uw familie zoveel mogelijk in ere.

Te veel gezinnen met een overbeweeglijk kind raken geïsoleerd. Houd contact met vrienden en bekenden. Vertel aan voldoende mensen dat uw kind een bijzonder kind is. Maak er geen geheim van!

Het is zeer belangrijk dat er voldoende mensen zijn die weten wat het probleem is, mensen met wie u de problemen kunt bespreken, mensen op wie u een beroep kunt doen als u hulp nodig hebt — voor uzelf of om op uw kind te passen zodat u regelmatig eens weg kunt —, mensen bij wie u gewoon eens uit kunt huilen.

Als u het probleem van uw kind voor iedereen verborgen probeert te houden, als u vanwege uw kind nergens meer op bezoek durft te gaan, zal er op den duur niemand meer zijn die voor uw kind kan zorgen wanneer u zelf eens weg moet.

Zorg vooral goed voor de relatie met uw partner. Rond de opvoeding van een overbeweeglijk kind ontstaan gemakkelijk onenigheid en ruzie. Dat conflict op zichzelf is niet erg als u maar tot een oplossing en tot duidelijke afspraken komt.

Het is belangrijk dat de ouders van een overbeweeglijk kind regelmatig eens samen uit kunnen zonder kinderen: huur een 'gepantserde' baby-sitter in en ga eens naar een film, uit eten, vrienden bezoeken, enz.

Ik begrijp niet waarom ouders van overbeweeglijke kinderen die bij elkaar in de buurt wonen, niet regelmatiger voor elkaar baby-sitten. Organiseer dit binnen uw oudervereniging in uw regio, dan hebt u steeds een ervaren oppas.

Echt: wanneer u als ouders uitsluitend en alleen nog met uw kind bezig bent, zit u op een verkeerd spoor. Dat kan eens goed zijn voor een tijdje, een paar maanden desnoods om het puntje op de i te zetten, maar daarna moet het hele gezin weer een zo normaal, gewoon mogelijk sociaal leven leiden.

6. Volhouden is belangrijk, maar terugvallen is normaal

Wat u ook probeert bij de aanpak van een overbeweeglijk kind: consequent volhouden is zeer belangrijk. Heel wat ouders die onze hulp inriepen, hadden zelf al min of meer ontdekt wat de juiste aanpak voor hun kind was en zelf heel wat creatieve en uitstekende ideeën ontwikkeld, maar... hielden die niet lang genoeg vol. Dit volhouden is ook van belang voor de in dit boek beschreven aanpak. Verwacht geen wonderbaar resultaat in enkele dagen!

De aanpak die we hier voorstellen is geen wondermiddel. Zelfs als u erin slaagt het super-ouderteam te worden dat een overbeweeglijk kind nodig heeft, dan nog zullen er steeds weer periodes zijn dat alles in het honderd loopt, dat het gedrag van uw kind de spuigaten uitloopt, dat zowel u als uw kind terugvalt in het oude gedrag en de oude problemen.

Voelt u zich dan vooral niet schuldig, ook als u merkt dat het voor een deel aan uzelf ligt. Als u bijv. merkt dat u ondanks alle goede voornemens de aanpak wat liet verslappen. Dat is heel normaal, het is soms zelfs een goede zaak. Zo ontdekken ouders van overbeweeglijke kinderen soms vanzelf dat ze de teugels wat mogen laten vieren, dat hun kind uit zichzelf beter gestructureerd raakt en niet meer zo strikt behoeft te worden opgevoed. Bij andere overbeweeglijke kinderen daarentegen zult u merken dat u de teugels echt niet mag loslaten en dat u het kind zeer gestructureerd moet blijven opvoeden. Hoe moeilijk dat ook is, u zult dan moeten volhouden.

Als een therapeut u op het juiste spoor gezet heeft, wees dan niet bang of te trots om opnieuw naar hem/haar toe te gaan wanneer de zaak later weer uit de hand loopt. Sommige ouders denken: het ging zo goed, de laatste keer dat we naar onze gezinstherapeut gingen. Wat zal hij wel van ons denken als hij merkt dat het weer helemaal verkeerd loopt. Laat die gedachte u er in geen geval van weerhouden om op tijd professioneel advies te gaan vragen. Problemen met overbeweeglijke kinderen hebben jammer genoeg nogal eens de neiging in een negatieve spiraal terecht te komen. Telkens weer opnieuw zijn ouders verrast hoe snel bij overbeweeglijke kinderen een sneeuwbal een lawine wordt.

Hulpverleners die ervaring hebben met overbeweeglijke kinderen en overbeweeglijke ADHD-kinderen, weten drie dingen heel goed:
— dat de juiste aanpak van zo'n probleemkind bijzonder moeilijk vol te houden is;
— dat er zelfs met de beste aanpak af en toe ernstige probleemsituaties ontstaan en de zaak uit de hand loopt;
— dat elke nieuwe ontwikkelingsfase van zo'n kind nieuwe problemen met zich meebrengt. Als u er als ouders bijv. prima in slaagde uw kind door de lagere-schoolleeftijd te loodsen, kunt u toch nog voor onverwachte problemen komen te staan in de puberteit.

Als het misloopt en u er als ouders samen niet uitkomt, wacht dan niet te lang met raad te vragen bij een therapeut die ervaring

heeft in het samenwerken met ouders en gezinnen van overbe-
weeglijke kinderen. Of doe beroep op de oudervereniging.
In uw omgeving wonen heel wat ouders die in het recente
verleden oplossingen vonden voor gelijksoortige problemen.
De ouders van ADHD-kinderen hebben bewezen dat ze elkaar
zeer goed kunnen helpen. U hoeft u er niet voor te schamen bij
hen aan te kloppen: zij weten beter dan wie ook wat een
overbeweeglijk kind is en wat de gevoelens zijn waar u als ouder
van zo'n kind mee zit. Als zij u niet zelf kunnen helpen, weten
ze met welke hulpverleners bij u in de buurt zij goede ervaringen
opgedaan hebben.

U moet zich niet schuldig voelen als uw kind u soms te veel
is. Evenmin als u weleens denkt: 'Dat rotjong, ik wou dat hij
nooit geboren was.' Dat is een normale reactie. U zult af en toe
met uw gevoelens voor uw kind overhoop liggen. Regelmatig
zal de vraag terugkeren: 'Waarom moest het juist mij overkomen ?' Een ernstig overbeweeglijk kind is zeker niet het kind dat
u zich gewenst of voorgesteld hebt. Een gevoel van teleurstel-
ling zo af en toe is heel normaal. Vecht niet tegen die gevoelens !
Gevoelens op zich zijn niet goed of slecht. Belangrijker is wat
u met die gevoelens doet. Laat die negatieve en tegenstrijdige
gevoelens u niet verlammen of terneerdrukken. Voelt u er zich
vooral nooit schuldig over.

Samenvatting

Om een overbeweeglijk kind goed op te voeden moeten beide
ouders zeer eensgezind samenwerken en de opvoedingstaak
delen. Een ouder alleen (meestal de moeder) kan het desnoods
ook, maar dan moet ze flink gesteund worden door de vader.
Als vader en moeder — en andere voor het kind belangrijke
volwassenen — het niet met elkaar eens zijn over de aanpak,

zullen ze er nooit in slagen een overbeweeglijk kind goed aan te pakken en op te voeden. In dat geval ontstaat dikwijls een helse-driehoeksverhouding die het probleem ten zeerste verergert.

Het is belangrijk zeer goed in te zien dat niemand er de oorzaak van is wanneer het misloopt in het gezin. Dat alle relaties in het gezin elkaar beïnvloeden, dat er niet één schuldig is, maar dat het gezin als geheel mogelijk niet goed functioneert.

Een gezinstherapeut kan de knelpunten helpen opsporen en daarna samen met betrokkenen orde op zaken stellen.

Tenslotte: zorg goed voor uzelf, zorg goed voor uw echtelijke relatie. Zorg ervoor dat u sociaal niet geïsoleerd raakt. Voelt u zich niet schuldig als het af en toe weer helemaal uit de hand loopt met uw kind en u het 'rotjong' beu bent.

ZESDE HOOFDSTUK

Kinderen met een ADHD-, MBD- of hyperkinetisch syndroom

1. Het ADHD-, MBD- of hyperkinetisch syndroom

In de voorafgaande hoofdstukken hadden we het reeds enkele malen over kinderen met een ADHD. U hebt ondertussen wel begrepen dat deze kinderen heel wat ernstiger problemen kunnen veroorzaken dan de doorsnee overbeweeglijke kinderen. In dit hoofdstuk gaan we dieper in op de problematiek van juist deze kinderen. Het ADHD-syndroom is een frequent voorkomend verschijnsel. Omdat de maatstaven van de verschillende onderzoekers nogal uiteenlopen, verschillen ook de aantallen die ze in de normale schoolpopulatie terugvinden. Ze vinden dat 1,5 tot 5 procent van de jongens deze problemen vertonen, terwijl bij meisjes de afwijking 10 à 20 maal minder voorkomt. Ook als uw kind geen ADHD heeft of als u hieraan twijfelt, kan het interessant zijn dit hoofstuk eens te lezen. Misschien ontdekt u dan iets waar u voorheen nooit aandacht aan hebt geschonken.

In dit boek beperken we ons tot de problemen die met overbeweeglijkheid in verband staan en tot informatie die u erbij behulpzaam kan zijn om uit te maken of u zelf soms een ADHD-kind hebt. We gaan niet in detail in op de problemen en de aanpak van deze kinderen. Daarmee alléén zouden we een tweede boek kunnen vullen.

De vroeger gehanteerde term *hyperkinetisch syndroom* legt de nadruk op het verschijnsel dat het vervelendst en opvallendst is voor de omgeving van het desbetreffende kind, namelijk zijn overbeweeglijkheid. Hyperkinetisch betekent niets anders dan overbeweeglijk.

De term *MBD-syndroom* (van het Engelse: Minimal Brain Dysfunction) verwijst naar de veronderstelling dat een klein deeltje (= minimal) van de hersenen (= brain) niet goed werkt (dysfunction). Met de modernste experimentele hersenonderzoeken kon men onlangs aantonen dat die veronderstelling in heel wat gevallen juist is.

De term *ADHD-syndroom* (Attention Deficit Hyperactivity Disorder = aandoening met aandachtsstoornis en hyperactiviteit) legt de nadruk op wat waarschijnlijk de kern van de zaak is: de aandachts-en concentratiestoornissen.

De oorzaak van het ADHD-syndroom kan gelegen zijn in een kleine hersenbeschadiging, een kleine hersendysfunctie of een voedselallergie. In veel gevallen kunnen we de precieze afwijking niet echt bewijzen en blijft het bij een veronderstelling (zie eerste hoofdstuk).

Onderzoekers discussiëren graag over woorden en definities, maar daar heeft u als ouders niet veel aan. Na allerlei alternatieven te hebben overwogen besloten we, in overleg met de oudervereniging, in dit boek de term ADHD te hanteren.

2. De kenmerken van het ADHD-syndroom

Psychiaters van over de hele wereld komen regelmatig samen om een soort catalogus samen te stellen van alle problemen uit de psychiatrie. Die lijst van ziektebeelden met de beschrijving ervan heet DSM (Diagnostic and Statistical Manual of Mental Disorders). Volgens die catalogus[3] zijn de criteria voor de diagnose van het ADHD-syndroom de volgende:

---

[3] Volgens DSM-III. In DSM-III-R vind ik ze minder overzichtelijk samengevat.

A. Gebrekkige aandacht en concentratie (ten minste drie van de volgende):
— werkt niet af waar hij mee begint;
— lijkt dikwijls niet te luisteren of te horen;
— is gemakkelijk verstrooid;
— heeft moeilijkheden zich te concentreren op schoolwerk of andere taken die een doorlopende aandacht vergen;
— kan zich moeilijk bij één spel houden.

B. Hyperactiviteit (ten minste twee van de volgende):
— rent overmatig rond en klimt overal op;
— kan moeilijk stilzitten en frutselt voortdurend;
— kan moeilijk op een stoel blijven zitten;
— beweegt overmatig gedurende zijn slaap;
— is altijd bezig, als door een motor aangedreven.

C. Impulsiviteit (ten minste drie van de volgende):
— handelt onnadenkend;
— springt van de ene activiteit op de andere;
— kan zijn werk moeilijk organiseren (zonder dat dit een gevolg is van gebrek aan intelligentie);
— heeft heel veel supervisie/controle nodig;
— antwoordt in de klas dikwijls zonder gevraagd te zijn;
— heeft het moeilijk om zijn beurt af te wachten in spel- of groepssituaties.

D. Is begonnen voor de leeftijd van 7 jaar.

E. Duurt ten minste 6 maanden voort.

F. Is niet het gevolg van schizofrenie, een affectieve stoornis of mentale achterstand.

'Is begonnen voor de leeftijd van 7 jaar' betekent niet dat de diagnose altijd bij het jonge kind wordt gesteld. Ik stel af en toe de diagnose ADHD voor het eerst bij kinderen van een jaar of 12 tot 14, bij wie men niet eerder aan ADHD dacht omdat ze tot die tijd goed functioneerden. Het zijn vrijwel steeds kinderen die meer dan gemiddeld intelligent zijn, die qua persoonlijkheid vrij goed gezond in elkaar zitten en die bovendien uit een

goed functionerend gezin komen. Ze voelen zich dikwijls rusteloos, maar zijn niet extreem overbeweeglijk.

We hebben de indruk dat deze kinderen er al die jaren in
slaagden hun leer- en aandachtsstoornissen te compenseren
door middel van hun goede intelligentie, een grote motivatie en
inzet, en bijzonder goede steun en leiding in het gezin.

Op die manier schuiven ze eigenlijk hun probleem voor zich uit
tot ze op een bepaald niveau van schoolse eisen stuiten dat ze
niet meer aankunnen. Het begint dan slecht te gaan op school,
ze ontwikkelen faalangst, wegloopgedrag, maar ook dikwijls
agressieve en depressieve reacties.

Als we zien dat jongeren in goedlopende gezinnen plotseling
gaan dysfunctioneren — terwijl zich in hun omgeving geen
ingrijpende veranderingen voordoen —, is dit voor ons een
aanwijzing voor verder onderzoek.

We vinden het dan noodzakelijk om bij deze groep een grondig
neuropsychologisch onderzoek uit te voeren, waarbij we de
mogelijkheid van een leerstoornis of een aandachts- en concen-
tratiestoornis in gedachten houden.

Bovengenoemde 'officiële' kenmerken van het ADHD-syndroom hebben één groot nadeel: ze zijn opgesteld alsof alleen
kinderen kunnen lijden aan een ADHD. Mede hierdoor denken
psychiaters vrijwel nooit aan deze mogelijkheid bij jonge volwassenen.

3. De vele problemen van kinderen
met een ADHD

Aan de hand van de in de vorige paragraaf genoemde officiële
criteria kan bij een kind een doorsnee ADHD worden opgespoord. Uit ons kinder- en jeugdpsychiatrisch werk blijkt dat
de problematiek meestal moeilijker en ingewikkelder ligt.

De meeste ADHD-kinderen die we zien hebben niet alleen

last van enkele, maar van *alle* bovengenoemde verschijnselen. Bovendien doen zich meestal bij hen, behalve moeilijkheden met overbeweeglijkheid, impulsiviteit en concentratie, ook heel wat bijkomende problemen voor, zoals bewegingsstoornissen, emotionele problemen, leerstoornissen, slaapstoornissen, relatieproblemen en gedragsstoornissen.

Overbeweeglijkheid

De meeste ADHD-kinderen zijn overbeweeglijk. Dit veroorzaakt dikwijls ernstige problemen: ze zitten nooit stil, honderdmaal per dag klinkt het: 'Zit stil'. Ze draven maar door, zelden zijn ze eens langere tijd — rustig — met hetzelfde bezig. Als ze echt heel flink hun best doen om op een stoel te blijven stilzitten, dan beweegt er nog van alles: vingers, voeten, gezicht... Andere mensen worden er al zenuwachtig van als ze ernaar kijken.

Bij oudere kinderen die met veel moeite geleerd hebben hun beweeglijkheid te beheersen, valt vooral de ingehouden onrust op. Voor een oppervlakkig buitenstaander lijkt zo'n kind dan rustig, maar als u hem nauwlettender gadeslaat of hem beter leert kennen, merkt u goed dat het kind zelden of nooit echt ontspannen is. Het is beheerste spanning, en dat is iets totaal anders dan ontspanning!

Ouders die kunnen vergelijken met hun andere kinderen, vertellen dikwijls dat hun kind al heel onrustig was gedurende de zwangerschap, als baby of als kleuter:
— 'hij was in de baarmoeder al zo overbeweeglijk dat ik blauwe plekken opliep aan de onderkant van mijn ribbenkast';
— 'hij zat nooit eens stil op mijn arm';
— 'hij lag te schudden in zijn wieg, soms zo erg dat de wieg omkantelde. Het was het begin van een ellenlange reeks van ongevalletjes en ongevallen.'

Veel gezinnen slagen er toch in zich aan te passen aan zo'n rondtollend veulen. Voor een leerkracht die de hele dag voor zo'n 25 kinderen staat, is dat niet zo eenvoudig. Zeker niet

wanneer een zekere rust en discipline noodzakelijk worden. *Als het thuis en in de kleuterklas nog vrij goed ging, ontstaan de problemen meestal in het eerste leerjaar.*
Er zijn ook ADHD-kinderen die niet rondtollen als een jong veulen. Bij een aantal van hen merkt u bij nader toezien dat het rustig-zijn hen inspanning kost: ze zijn niet gewoon *ont*spannen rustig, maar *ge*spannen bezig zich in te houden.
Andere ADHD-kinderen tollen niet echt rond, maar zijn erg onrustig in kleine impulsieve doelloze bewegingen: ze zijn voortdurend bezig ergens aan te friemelen, te prutsen.
Sommige oudere kinderen vertellen dat ook hun gedachten 'overbeweeglijk' zijn; dat ze voortdurend van de hak op de tak springen, ook als er geen afleiding is.
Sommige ADHD-kinderen zijn vrijwel altijd, onder alle omstandigheden, overbeweeglijk. Andere ADHD-kinderen kunnen zich een tijdje, zelfs enkele dagen achtereen, rustig houden in een goed-gestructureerde situatie, zoals bij een strenge leerkracht of in de wiskundeles. Ze worden pas echt overbeweeglijk in minder geordende situaties, zoals op het speelplein, op straat, in de handwerkles.
Artsen en andere hulpverleners laten zich daar nogal eens door misleiden. Ze denken dan dat het allemaal wel meevalt, omdat het kind zich tijdens hun onderzoek rustig gedraagt.

Stoornissen van aandacht en concentratie

Alle ADHD-kinderen hebben grote moeite hun aandacht bij één onderwerp te houden, om zich te concentreren. Ze worden steeds van datgene waar ze mee bezig zijn, weggetrokken door wat rondom hen heen plaatsvindt. Ze zijn vlug afgeleid, kunnen moeilijk bij één zaak blijven (bij hun spel, hun huiswerk, een opdracht...).
Sommige kinderen kunnen hun gedachten zelfs niet bij één onderwerp houden, ook al is er geen sprake van afleiding. Een

moeder noemde dit heel terecht 'overbeweeglijkheid van de geest'.

Deze aandachtsmoeilijkheden maken ADHD-kinderen vooral op school tot 'lastpakken'. Leerkrachten klagen dan ook vaak over deze kinderen als: 'Ze letten nooit op'; 'Ze zijn dikwijls verstrooid'; 'Ze zitten te dagdromen'; 'Ze zijn steeds afgeleid'. Deze problemen op het gebied van concentratie worden dikwijls nog verergerd als een ADHD-kind op de koop toe moeite heeft om het belangrijke van het onbelangrijke te onderscheiden (zie verder bij leerstoornissen).

In de meeste situaties kunnen ADHD-kinderen zich moeilijk op een bepaalde taak concentreren. Maar als iets werkelijk hun aandacht te pakken heeft, is het soms heel moeilijk om hun aandacht op iets anders te richten. Bij hun aandacht en concentratie gaat het als het ware om alles of niets, maar jammer genoeg meestal niets.

Deze aandachts- en concentratiestoornissen vormen een zeer belangrijk onderdeel van het ADHD-syndroom. Volgens steeds meer onderzoekers vormen de aandachts- en concentratiestoornissen de kern van het hele ADHD-probleem. Interessant in dit verband is het feit dat de geneesmiddelen die het beste effect hebben op deze kinderen, vooral de aandacht en concentratie verbeteren.

Impulsiviteit

Sommige ADHD-kinderen kunnen moeilijk vooraf plannen of de gevolgen van hun daden overzien. Ze handelen dikwijls ondoordacht, impulsief. Ze doen iets zodra het in hun hoofd opkomt: plotseling de straat oversteken; van de hoogste trede van de trap springen; hardop antwoorden in de klas zonder hun beurt af te wachten; enz... Deze impulsiviteit kan het gevolg zijn van het feit dat veel van deze kinderen niet goed sequentieel (= in stappen vooruit) kunnen denken (zie blz. 149) of het belangrijke niet van het onbelangrijke kunnen onderscheiden.

Volgens sommige onderzoekers is de impulsiviteit het gevolg van een minimale afwijking in het deel van de hersenen dat zorgt voor het afremmen, het dempen (= 'inhibitie' in de vaktaal) van de activiteiten. Deze afwijking is weliswaar een kleinigheid, maar net genoeg om te maken dat de remmen van een ADHD-kind dikwijls niet op tijd werken: hij is letterlijk een 'ongeremd' kind. Meestentijds zal hij handelen zonder eerst even na te denken over het voor en tegen en over de gevolgen van wat hij onderneemt.

Bewegingsstoornissen: onhandigheid

Bij ADHD-kinderen schort er dikwijls iets aan de wijze waarop zij hun spieren gebruiken. Ze bewegen onhandig. Om op een juiste en zorgvuldige manier iets te kunnen doen, moeten al onze spieren goed samenwerken. Denk maar eens hoeveel spieren in onze voeten, benen, heupen, rug en zelfs nek en armen goed moeten samenwerken om soepel te lopen, zonder te struikelen of te vallen. Veel verschillende spieren en spiergroepen moeten allemaal heel precies samenwerken om ons in staat te stellen te fietsen, te schrijven, veters te strikken, enz... *Bij ADHD-kinderen zijn de spieren zelf meestal tiptop in orde, maar er mankeert dikwijls iets aan de samenwerking (= coördinatie) tussen de spieren onderling.* Daardoor bewegen ADHD-kinderen dikwijls erg onhandig.

Soms is er vooral iets mis met de samenwerking tussen de grote spieren van bijv. benen en armen (wat 'grove motoriek' genoemd wordt). Een andere keer schort er iets aan de samenwerking tussen de kleine spiertjes van bijv. de vingers ('fijne motoriek' genoemd). In weer een ander geval is er iets mis met allebei.

U mag niet vergeten dat die samenwerking tussen de spieren begeleid wordt door de hersenen. Het zijn de hersenen die de spieren bevelen en die ervoor zorgen dat ze goed samenwerken. Om onze spieren goed te kunnen gebruiken moet er ook een goede samenwerking zijn tussen de zintuigen (bijv. ogen) en de spieren. Bij sommige ADHD-kinderen gaat dat fout: hun spieren zijn in orde, hun zintuigen zijn goed, maar er is iets mis met de samenwerking (coördinatie) tussen zintuigen en spieren. Problemen op dit gebied kunnen worden onderzocht en behandeld door een ergotherapeut of psychomotorisch therapeut.

Stoornissen van de conditioneerbaarheid, van de leerbaarheid

Bij de behandeling van kinderen met het ADHD-syndroom is het me vaak opgevallen dat ze *veel moeilijker nieuw gedrag aanleren en oud gedrag afleren, ook al zijn ze intelligent.* Bij een kleine subgroep bleek dit extreem moeilijk, ook onder de beste omstandigheden en met de grootst mogelijke inzet van ouders en opvoeders. Zonder enige twijfel spelen hun aandachts- en concentratieproblemen hierbij een rol. Maar het lijkt er toch dikwijls op dat ze gewoon moeilijker 'conditioneerbaar' zijn dan doorsnee kinderen. Met 'onconditioneerbaar' wordt vooral bedoeld dat ze moeilijk iets aan- en afleren, ook niet als op het gedrag consequent een onmiddellijke beloning of straf volgt.

Voorbeeld
Hoewel moeder Saartje al heel vaak gezegd had: 'Blijf uit de buurt van het kacheltje ! Heet !', stapte de dreumes er toch weer op af. Ze raakte het ding aan, schrok terug en zette het op een huilen.

Als een normaal kind zich een- of tweemaal aan een gloeiende kachel pijn heeft gedaan, zal hij de volgende keer bij die 'stoute kachel' uit de buurt blijven. Het kind leert snel uit de gevolgen van zijn gedrag wat kan en wat niet kan, wat mag en wat niet mag. Sommige ADHD-kinderen verbranden zich wel dertigmaal de vingers, letterlijk en figuurlijk, voor ze hun lesje geleerd hebben.

Als een normaal kind enkele malen voor een bepaald gewenst gedrag beloond werd, is de kans groot dat hij méér van dat gedrag zal gaan vertonen. Bij ADHD-kinderen moeten de ouders wel dertigmaal vaker het gewenste gedrag aanmoedigen, alvorens deze kinderen de smaak van dat gedrag te pakken krijgen. De ouders moeten ook dertigmaal vaker en consequenter straffen, alvorens het ongewenste gedrag vermindert.

Bij een meerderheid van de ADHD-kinderen kan dit probleem gelukkig gekanaliseerd of tot op zekere hoogte opgelost worden, door de ouders te helpen een heldere, maar zeer gestructureerde opvoedingssituatie in het leven te roepen.

Het is vrijwel altijd noodzakelijk dat de ouders hun eisen in zwart-wittermen stellen en daar zeer duidelijke beloningen en straffen aan vastknopen. Dikwijls hebben geneesmiddelen hierbij een belangrijk bijkomend gunstig resultaat. Het lijkt er op dat deze geneesmiddelen het kind leerbaarder, conditioneerbaarder maken.

Jammer genoeg geldt dit niet voor alle ADHD-kinderen. Bij ongeveer een kwart van de kinderen met een ernstige ADHD heeft het geneesmiddel een zeer beperkt, of zelfs geen enkel effect. Vooral deze kinderen lijken heel moeilijk conditioneerbaar. Dit is zelfs het geval, indien de ouders zich optimaal inzetten of indien het ADHD-kind is opgenomen in een instelling waar men heel gestructureerd te werk gaat.

Het klinkt wat cynisch, maar waar bij heel wat ADHD-kinderen gewoon opvoeden niet lukt en men ze moet 'drillen', lukt bij deze kleinere probleemgroep zelfs het drillen niet.

Een van de belangrijkste consequenties van deze relatieve 'onconditioneerbaarheid' is dat er een gebrekkige gewetensvorming plaatsvindt. Dit heeft dan weer moeilijk corrigeerbaar delinquent gedrag tot resultaat. Ik denk dat vooral uit deze groep de kinderen afkomstig zijn die als probleempubers en -adolescenten bij hulpverleners terechtkomen. De aandachts-en concentratiestoornissen worden als een probleem van onder-geschikt belang naar de achtergrond gedrukt, als gevolg van de meer in het oog lopende gedragsstoornissen.

Leerstoornissen: stoornissen van de informatieverwerking

Hiermee bedoelen we dat sommige ADHD-kinderen *moeite hebben bij het verwerken van wat ze zien, horen en voelen.* Hun zintuigen (ogen, oren, evenwicht, gevoel in huid en spieren, enz.) zijn meestal goed ontwikkeld, maar er mankeert iets aan het verwerken van de informatie (licht, geluid, tastgevoel, enz). Over deze stoornissen en de aanpak ervan is een heel boek te schrijven. Hier beperk ik me tot een antwoord op de vragen die ouders me het meest stellen.

FIGUUR 15

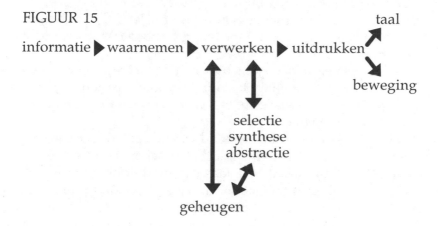

Informatie, opgenomen via de zintuigen, moet goed verwerkt worden om er iets zinnigs mee te kunnen aanvangen.
Bij een ADHD-kind kan hier op verschillende plaatsen iets misgaan. Deze stoornissen komen bij sommige kinderen overigens ook afzonderlijk voor, zonder overbeweeglijkheid, zonder impulsiviteit.

A. Waarnemingsstoornissen, perceptiestoornissen
Als er iets misgaat bij het waarnemen, bij het registreren van informatie, spreken we van perceptie- of waarnemingsstoornissen. De zintuigen zelf zijn bij een ADHD-kind meestal in orde. De storing zit in de wijze waarop de binnenkomende informatie wordt verwerkt.

Visuele waarnemingsstoornissen
Een belangrijke groep waarnemingsstoornissen wordt gevormd door de visuele waarnemingsstoornissen. Het oog ziet correct, maar de hersenen hebben moeite om wat er gezien wordt juist te verwerken.
— Het onderscheid maken tussen links en rechts of tussen onder en boven lukt bijv. niet best. Hierdoor is er voor het kind weinig verschil tussen d en b. Dit worden visuele discriminatiestoornissen genoemd.
— Een ander voorbeeld: een kind kan moeilijk diepte waarnemen, waardoor hij afstanden slecht kan schatten, overal tegenaan botst, drank naast het glas giet, en altijd wat omstoot.
— Het komt nogal eens voor dat het ADHD-kind problemen heeft met het onderscheid tussen figuur en achtergrond, tussen het geheel en de onderdelen, tussen het belangrijke en het onbelangrijke van wat hij ziet. Met andere woorden: hij kan de bomen niet onderscheiden van het bos.
U hebt er bijv. geen of weinig moeite mee om een woord te lezen op dit blad. Om dat te doen moet u het woord (= het belangrijke = figuur) kunnen onderscheiden van al die andere woorden

en lettertjes die op dit blad staan (= onbelangrijk = achtergrond).

U hebt er geen of weinig moeite mee het rode verkeerslicht te zien (= belangrijk) tussen al het andere dat er omheen te zien is: affiches, winkelramen, huizen, auto's, enz. (op dat moment minder belangrijk)...

Een ADHD-kind kan daar grote moeite mee hebben. Voor hem is de wereld dan zoals voor u, als u 's nachts in de regen door een vreemde straat rijdt vol lichten en neonreclames. In zo'n situatie hebt u er ook weleens grote moeite mee om het verkeerslicht (figuur = belangrijk) te onderscheiden tussen al die andere lichten (achtergrond = onbelangrijk). In zo'n situatie kunt u plotseling te laat beseffen dat u het verkeerslicht niet 'gezien' hebt. In feite had u het natuurlijk wel gezien, maar het niet op tijd kunnen onderscheiden, kunnen waarnemen — tussen alle andere lichten en lichtjes die u terzelfder tijd zag.

Sommige ADHD-kinderen hebben dat probleem altijd, dag en nacht. Voortdurend hebben ze 'iets niet gezien', omdat ze het niet zo goed kunnen onderscheiden van al het andere dat er te zien en te horen valt. Ook bij heel verstandige ADHD-kinderen komt het dan dikwijls voor dat ze zaken 'niet zien' en daardoor domme dingen doen.

U kunt zich voorstellen hoe ingewikkeld alles wordt voor zo'n kind. Bedenk maar eens hoe moeilijk het moet zijn om veilig te bewegen in het verkeer als een kind regelmatig 'iets niet ziet', omdat er veel te veel te zien is! Bedenk maar eens hoe moeilijk het moet zijn in de klas om woorden te leren onderscheiden van al die andere woorden, tekens en tekeningetjes die op het blad of bord staan!

Auditieve waarnemingsstoornissen
Ook bij de verwerking van geluiden kan een ADHD-kind het er heel moeilijk mee hebben om op elkaar lijkende letters (bijv. b, p, d, t) of woorden (bijv. boek, doek; dak, bak) te onder-

147

scheiden. Dit worden soms auditieve discriminatiestoornissen genoemd.

Ook wat het gehoor betreft kan het voor een ADHD-kind een probleem zijn om figuur en achtergrond te onderscheiden. Om dit probleem beter te begrijpen, stelt u zich de situatie voor waarbij u samen met een vriend in een druk café zit. De muziek speelt en nog dertig andere mensen zitten rondom en vlak bij u te praten. Toch kunt u wat uw vriend zegt (= belangrijk = figuur) onderscheiden van al het andere lawaai (= onbelangrijk = achtergrond). Voor u is dat iets vanzelfsprekends, maar voor een ADHD-kind kost dat tien- tot honderdmaal meer inspanning. Horen wat u tegen hem zegt gedurende een gezellig druk middagmaal in het gezin is voor hem razend moeilijk. Even moeilijk als voor u om uw vriend te verstaan in een overvolle kroeg vol licht aangeschoten mensen waar de jukebox keihard bovenuit schreeuwt.

U kunt zich voorstellen hoe moeilijk het voor zo'n kind moet zijn de leerkracht te horen en te verstaan, wanneer ondertussen de andere kinderen roezemoezen, het verkeer op straat lawaai maakt en in de nabijgelegen klas de kinderen zingen.

Er zijn nog heel wat andere perceptiestoornissen mogelijk. Ook de waarneming van tastgevoel, evenwichtsgevoel en spiergevoel kan gestoord zijn.

B. Verwerkingsstoornissen
De informatie die via de verschillende zintuigen binnenkomt, moet niet alleen goed geregistreerd worden. Al wat via de zintuigen opgenomen wordt, moet ook nog goed geselecteerd (belangrijk/onbelangrijk), geordend, geïntegreerd en op elkaar afgestemd worden.

1. De zintuigen én de spieren moeten zowel onderling als met elkaar goed samenwerken. Als hier iets misloopt, spreken we van *coördinatiestoornissen*. Ook die komen nogal eens voor bij kinderen met een ADHD.

148

Om veilig te fietsen bijv. moeten alle zintuigen en spieren goed samenwerken, vooral het evenwichtsorgaan, de ogen, de oren en het spiergevoel. Bovendien moeten alle zintuigen *samenwerken*.

U mag bijv. niet ophouden met kijken als u plotseling iets hoort; u mag niet ophouden met sturen als u plotseling iets interessants ziet.

En dat loopt nogal eens mis bij deze kinderen. Ze horen ineens iets dat hun aandacht trekt en ze vallen. Ze zijn niet in staat de informatie, afkomstig van oren, ogen en evenwichtsorganen, gelijktijdig en goed te verwerken.

U kunt dit vergelijken met leren autorijden: u moet met heel veel zaken tegelijk rekening houden. De informatie die u krijgt via uw oren, ogen en spiergevoel, moet u op hetzelfde moment verwerken. Het gevolg is dat u in het begin altijd wel iets vergeet. Na heel veel oefening leert u om alles terzelfder tijd gewaar te worden en te doen.

Voor deze kinderen blijft zoiets echter een grote moeilijkheid. Denk eraan hoe moeilijk u het er zelf mee hebt als u een nieuwe, ingewikkelde taak leert waarvoor alle zintuigen nodig zijn.

Houd er rekening mee dat een ADHD-kind dat deze stoornis heeft, het altijd zo moeilijk heeft, terwijl u het alleen moeilijk hebt als u zich een nieuwe vaardigheid eigen maakt.

2. Een andere belangrijke manier om informatie te verwerken is alles op een rijtje kunnen zetten: eerst dit, dan dat, vervolgens zo. Veel ingewikkelde handelingen leren we door ze in stukjes op te delen. Talloze ADHD-kinderen hebben er moeite mee om in stapjes te denken, om vooruit te denken. In de meeste situaties doet u dat vanzelfsprekend: 'Als ik dat doe, dan zal dat gebeuren, en dat zal waarschijnlijk zoiets ten gevolge hebben en daardoor zal dan weer...' (*sequentieel denken* heet dit in vaktaal). Hiervoor moet u de informatie die u via de verschillende zintuigen binnenkrijgt, in logische volgorde kunnen ordenen.

Als een kind daar problemen mee heeft, zal het de letters in een woord, de woorden in een zin en de delen van een verhaal in een verkeerde volgorde plaatsen. Sommige kinderen kunnen niet denken 'als... dan... dan... dan...'. U begrijpt dat het dan moeilijk wordt om veel dagelijkse en schoolse problemen op te lossen.

Hierdoor kunnen ze ook niet planmatig werken, wat bijv. bij het rekenen belangrijke gevolgen heeft. Denk eens hoe moeilijk het voor zo'n kind is om vraagstukken op te lossen of om eenvoudige grote getallen op te tellen waarbij eerst de eenheden, dan de tientallen, dan de honderdtallen moeten worden berekend. Dat wordt allemaal een verschrikkelijke opgave voor iemand die echt de grootste moeite heeft om een globale opdracht in logische stapjes op te delen en ze een voor een uit te voeren.

Dit niet in stapjes kunnen denken heeft ook tot gevolg dat deze kinderen impulsief te werk gaan. Ze denken niet verder dan hun eerste gedachte, ze denken letterlijk niet verder dan hun neus lang is. *Daarom lijkt het soms alsof deze kinderen een slecht ontwikkeld geweten hebben.*

Een ander kind denkt:
1. Trees pest me, ik geef haar een klap;
2. als ik haar een klap geef gaat ze huilen;
3. als ze huilt komt haar moeder;
4. dan geeft haar moeder mij een pak rammel;
5. dus kan ik Trees beter geen klap geven.

Een kind met problemen in het in stapjes denken kijkt geen vijf stappen vooruit en... geeft Trees een klap.

Dat deze kinderen wél een geweten hebben blijkt uit het feit dat ze wel spijt hebben als ze de gevolgen van hun daden beseffen. Ze kunnen dan heel boos zijn op zichzelf, zich heel schuldig voelen... En de volgende maal handelen ze weer even ondoordacht... tot hun eigen wanhoop.

C. Geheugenstoornissen

Sommige ADHD-kinderen hebben het ook abnormaal moeilijk om iets te onthouden. Ze begrijpen het wel. Maar onthouden vraagt bij hen tien keer meer herhaling en inspanning dan bij andere kinderen. U begrijpt wel dat het voor een kind dat zich slecht kan concentreren, veel moeilijker is om iets te onthouden.

Als hij bovendien slecht in staat is het belangrijke van het onbelangrijke te onderscheiden, is het voor hem ook niet duidelijk wat wel en wat niet in het geheugen moet worden opgeslagen.

Als het om één ding tegelijk gaat, lukt het nog wel. Een opdracht echter als: 'Ga eens naar de bakker om brood en koek te halen, en breng op de terugweg een pakje sigaretten voor me mee, en, o ja, gooi dit in het voorbijgaan even in de brievenbus...', is voor een ADHD-kind allemaal niet zomaar te onthouden. Zelfs niet voor een heel verstandig ADHD-kind.

Die geheugenstoornissen (soms ook 'inprentingsstoornissen' genoemd) maken het de leerkrachten uiteraard bijzonder moeilijk om sommige ADHD-kinderen iets nieuws aan te leren. De leraar denkt: oké, hij heeft het nu heel goed begrepen, morgen gaan we verder. Maar de volgende dag is het kind de helft alweer vergeten.

Af en toe komt het voor dat het ADHD-kind iets beter onthoudt en opmerkt dan andere kinderen. Dikwijls betreft het onbelangrijke details. Veel ouders denken dan: mijn kind herinnert zich zulke details, dus hij moet een goed geheugen hebben; het is zeker onwil van hem. Dit is echter een onjuiste conclusie. Het ADHD-kind onthoudt soms kleine details, juist omdat hij moeilijk onderscheid kan maken tussen datgene wat belangrijk en wat onbelangrijk is. Dit maakt het dubbel moeilijk: meestal onthoudt hij helemaal niets en dan ineens wel sommige details.

D. Uitdrukkingsstoornissen

Onze hersenen nemen niet alleen informatie op, ze bepalen ook wat we ermee doen: hoe we die informatie gebruiken. We doen dit vooral op twee manieren: met onze spieren en met woorden. ADHD-kinderen kunnen zowel motorische stoornissen als spraakstoornissen hebben.

Over *bewegingsstoornissen* hadden we het reeds op blz. 142. Ze kunnen betrekking hebben op de grote spieren en dan zien we een kind dat onhandig loopt of fietst. Ofwel kunnen de motorische stoornissen vooral op de kleine spiertjes slaan (fijne motoriek) en dan kan het kind slecht een spijker inslaan, schrijven, enz. Bij het schrijven bijv. moeten de ogen en de spieren goed samenwerken. Als dat niet zo is, spreken we van een visuo-motorische coördinatiestoornis. Als de spieren onderling niet goed samenwerken spreken we van een motorische coördinatiestoornis. Als er problemen zijn met de fijne spieren van de mond of met de samenwerking ertussen, kunnen er *spraakstoornissen* ontstaan. Spraakstoornissen kunnen nog heel wat andere oorzaken hebben. Om die op te sporen en te behandelen kunnen we een beroep doen op de logopedist.

E. Lees-, schrijf- en rekenstoornissen

Heel wat van deze leerstoornissen komen pas tot uiting als een kind gaat leren lezen, schrijven en rekenen.

Het zich eigen maken van deze drie vaardigheden is de zwaarste test voor de informatieverwerkende en coördinerende functie van de hersenen. Als er een heel kleine stoornis is op het gebied van de informatieverwerking, zal dit dikwijls dan ook pas blijken in het eerste leerjaar.

De meest gebruikte termen voor stoornissen op dit gebied zijn:
— *dyslexie* voor stoornissen bij het lezen;
— *dysorthografie* voor stoornissen bij het schrijven;
— *dyscalculie* voor stoornissen bij het rekenen.

Tot voor enkele jaren waren die stoornissen onbekend en werden veel van deze kinderen ten onrechte als lui of dom bestempeld. Gelukkig zijn er nu meer en meer hulpverleners, en vooral (ortho)pedagogen, die zich specialiseren in het opsporen en behandelen van deze stoornissen. Op sommige scholen kunnen *remedial teachers* en taakleerkrachten kinderen met niet al te ernstige problemen uitstekend bijwerken.

Emotionele labiliteit

De emotionele reacties van ADHD-kinderen zijn dikwijls zeer wisselvallig en overdreven (emotioneel labiel wordt dat genoemd). Nu eens dol enthousiast, tien minuten later geen interesse meer. Dan weer uitbundig en plezierig en een uur later helemaal terneergeslagen. *ADHD-kinderen kunnen hun emoties slecht beheersen.* Om een kleinigheid kunnen ze extreem boos, agressief of verdrietig worden. Deze emotionele labiliteit kan bij ADHD-kinderen mede een direct gevolg zijn van hun minimale hersenfunctiestoornis, ofwel het gevolg van de vele moeilijkheden waar ze voortdurend mee worden geconfronteerd.

Emotionele problemen

Een ADHD-kind kan veel verstandiger zijn dan bijv. zijn buurjongen op school en toch meer moeite hebben om iets te leren. Zo'n verstandig kind beseft maar al te goed hoe 'stom' of hoe 'onhandig' hij is. ADHD-kinderen kunnen door al die problemen heel *neerslachtig, depressief* worden. Zij kunnen zich daardoor ook heel *minderwaardig* voelen. Alles wat ze proberen gaat mis. Altijd weer die ongevalletjes, altijd weer iets dat stukgaat, altijd weer krijgen ze op hun kop. Zelden horen ze een positief geluid. Het ergst is dat de meesten zeer goed beseffen dat ze het verkeerd doen.
Dit is voor ADHD-kinderen kwetsender dan bijv. voor geestelijk gehandicapte kinderen. Ook laatstgenoemde kinderen doen

veel verkeerd maar, anders dan bij ADHD-kinderen, zijn ze niet verstandig genoeg om het van zichzelf te beseffen.

Het ADHD-kind heeft dan ook dikwijls een triest zelfbeeld: hij ziet zichzelf als een tamelijk waardeloos iemand. Sommige ADHD-kinderen verbergen dit achter een *masker*. Bijvoorbeeld achter een clownmombakkes: ze hangen voortdurend de grapjas uit. Weer anderen proberen het te verbergen door *stoer en branieachtig te doen*, soms ook achter *agressief en delinquent gedrag*. Het is belangrijk om te onthouden dat achter dat masker meestal een erg onzeker kind schuilt, die het erg moeilijk heeft en zich dikwijls minderwaardig voelt.

Relationele problemen

Als gevolg van alle stoornissen, moeilijkheden, problemen en ongevallen vindt het ADHD-kind het soms heel moeilijk om goed met andere mensen om te gaan. De relatie tussen het ADHD-kind en zijn ouders plus andere gezinsleden is een van de belangrijkste relaties die vaak uit de hand lopen.

Het gedrag van een overbeweeglijk kind heeft een grote invloed op de relatie met en tussen de gezinsleden. Dat geldt zelfs al voor een overbeweeglijke baby. Het is moeilijk zo'n kind te bemoederen/bevaderen, als hij nooit eens twee minuten rustig in uw armen of op uw schoot blijft liggen of zitten. Het is dan ook heel begrijpelijk dat er soms al heel vroeg iets misloopt in de relatie tussen de ouders en hun overbeweeglijk kind. Voor sommigen van die kinderen en zelfs van die baby's moeten de ouders 'superouders' zijn om het toch vol te kunnen houden. Ook op *school* kunnen de relaties tussen een overbeweeglijk kind met andere kinderen en volwassenen al heel vroeg uit de hand lopen. Vanaf de eerste klas worden flinke eisen gesteld: stilzitten; opletten; op je beurt wachten; precieze oefeningen doen (bijv. netjes schrijven) waarvoor een heel goede perceptie en coördinatie noodzakelijk zijn. Alles bij elkaar genomen is dat heel wat, en soms gaat het ADHD-kind er ten gevolge van die druk al heel snel onderdoor. We zien dan gaandeweg emotionele en gedragsproblemen verschijnen.

Het eerste leerjaar valt bovendien meestal samen met het tijdstip waarop de omgeving zich steeds meer met het probleem gaat bemoeien. De juffrouw zegt tegen de ouders: 'U moet er niet zo bovenop zitten'; oma vindt dat haar schoondochter veel te toegeeflijk is; de huisarts zegt: 'Misschien helpt valium'; en tante roept: 'Geef dat kind maar eens veertien dagen aan mij, dan zul je wat zien!'

Het ergste van dit alles is dat de ouders meer beschuldigingen dan daadwerkelijke hulp krijgen. Het is dan ook dikwijls in deze periode dat de ouders voor het eerst met elkaar ernstig ruzie gaan maken over de aanpak van hun kind. Dat alles verhevigt de *chaos* en dit is wat het ADHD-kind nu juist het meest kan missen. In een chaotische, gespannen situatie wordt het gedrag van het ADHD-kind alleen nog maar problematischer, wat de vicieuze cirkel rondmaakt.

Hoe groter de chaos is, des te chaotischer en onhandelbaarder het kind; hoe radelozer de ouders zijn en hoe groter de chaos is, des te onhandelbaarder het kind wordt. Deze negatieve spiraal leidt soms tot ernstige explosies.

ADHD-kinderen, en vooral de overbeweeglijke, zijn soms nogal ruw, kinderlijk of zelfs een beetje belachelijk in hun omgang met *leeftijdgenoten*. Ze hebben het moeilijker dan andere kinderen om zich in te leven in andermans gevoelens, onder andere omdat ze ook daar het belangrijke van het onbelangrijke moeilijker kunnen onderscheiden. ADHD-kinderen zijn meestal weinig populair bij leeftijdgenoten; dikwijls worden ze uitgesloten van sport en spel. Als de ouders en leerkrachten ook op dit gebied niet wat extra hulp bieden, kan het ADHD-kind flinke problemen krijgen met leeftijdgenoten. Hij gaat andere kinderen mijden of zich beperken tot het veel gemakkelijker omgaan met jongere kinderen.

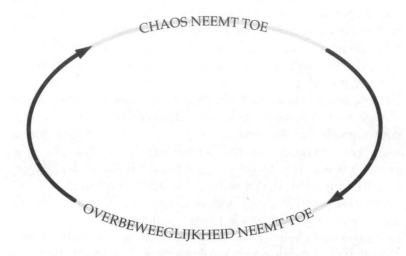

Het ADHD-kind wordt gemakkelijk de zondebok of pispaal in een groep. Dit kan ook tot gevolg hebben dat hij moeilijk blijvende vrienden maakt. Soms probeert hij dit op te lossen door die vriendschap af te kopen met overdreven toegeeflijkheid, vleien, snoep, speelgoed of geld.

In hun relatie met anderen hebben ADHD-kinderen het dikwijls *moeilijk hun gevoelsuitingen juist te doseren.* Ze zijn dan heftig en overdreven in het betuigen van hun vriendschap. Soms hebben ze er moeite mee belangrijke van onbelangrijke vriendschappen te onderscheiden. Dat is niet alleen zo als ze boosheid en agressie uiten, maar zo nu en dan ook bij het uiten van liefde en genegenheid. Met andere woorden: ze zijn soms even liefdevol en intiem met een vreemde als met een familielid. Deze kinderen moeten leren hun gevoelsuitingen beter te doseren.

Slaapstoornissen

Een in verhouding schijnbaar onbelangrijk probleem is het feit dat de meeste ADHD-kinderen weinig en/of zeer onrustig slapen. Onderzoek heeft aangetoond dat veel van hen ook in hun slaap beweeglijker zijn dan andere kinderen. Op zichzelf is dat niet zo erg. Het is niet schadelijk voor het kind als het weinig slaapt. Voor de ouders kan het echter de druppel zijn die de emmer doet overlopen: als ze na een hele dag bezig-zijn met hun drukke kind 's avonds niet eens kunnen uitblazen en 's ochtends alweer heel vroeg door de herrie van hun kind gewekt worden.

Bijkomende gedragsproblemen

ADHD-kinderen zullen dikwijls de *clown uithangen*. Liever dan te moeten toegeven dat ze iets niet kunnen, overdrijven ze hun onhandigheid nog eens extra en geven ze de indruk dat ze opzettelijk zo stom of onhandig doen.

Andere ADHD-kinderen zullen zich meer en meer *delinquent gaan gedragen:* ze doen toch nooit iets goed; ze krijgen toch altijd op hun kop, ook al doen ze nog zo hun best. Als gevolg hiervan houden ze ermee op hun best te doen. Ze doen domweg alles wat in hun hoofd opkomt.

Ze kunnen er ook toe komen hun problemen, hun dagelijkse frustraties op anderen af te reageren en heel *agressief* te worden. Deze problemen kunnen ernstig worden als het kind tevens problemen heeft met zijn gewetensvorming.

De kans op ongewenst gedrag is natuurlijk groot als een kind niet vooruit kan denken en moeilijk conditioneerbaar is.

Zoals reeds besproken (op blz. 149) moet het kind, wil hij zich goed gedragen, in stapjes vooruit kunnen denken: als ik Herman een schop geef, dan zal hij gaan huilen, dan komt zijn moeder en krijg ik straf..., dus ik doe het maar niet.

We dienen vooruit te denken om goed te kunnen oordelen

157

over de mogelijke gevolgen van ons gedrag, om een 'geweten'
te kunnen vormen. Als het kind daar moeite mee heeft, zal hij
meer dan anderen domme streken uithalen.

Dat risico wordt nog groter als de ouders zelf onzeker zijn
over hun aanpak en als ze er geen duidelijke, consequente
gedragsregels op nahouden.

Twee misverstanden over hun intelligentie

Over de intelligentie van ADHD-kinderen bestaan twee misverstanden, namelijk:
— ze zijn allemaal dom;
— ze zijn allemaal verstandig.
*Het ADHD kan voorkomen bij kinderen van elk intelligentieni-
veau*: van zeer verstandig tot zeer weinig verstandig. Een kind
kan zwakbegaafd zijn en op de koop toe een ADHD hebben.
Een flink aantal geestelijk gehandicapte kinderen heeft naast
problemen door gebrek aan intelligentie bovendien een ADHD.
Het ADHD-kind kan heel verstandig zijn. Dat heeft belangrijke
voordelen: hij heeft meer mogelijkheden om zijn handicap te
compenseren, om zich er toch doorheen te slaan. Dit heeft
echter ook een groot nadeel: een verstandig ADHD-kind beseft
sneller dat hij steeds weer mislukt, dat hij dingen niet kan die
minder verstandige vriendjes wél kunnen. Hierdoor kunnen de
emotionele problemen bij een verstandig kind verhoudingsge-
wijs ernstiger zijn.

4. De samenwerking met een team van andere specialisten

In deze handleiding hebben we vooral de nadruk gelegd op de
manier waarop u als ouders uw ADHD-kind het beste helpen
kunt. En u kunt heel wat. Uw bijdrage aan de opvoeding van

uw kind blijft, samen met die van de leerkrachten, de belangrijkste (en de moeilijkste!).

Als uw kind problemen heeft, zoals leer-, spraak- en motorische stoornissen, dan kan hij daarvoor behandeling krijgen. Men noemt dit soms *functietraining*: een training waarmee men probeert iets aan die bepaalde dysfunctie te verhelpen. Specialisten die u hierbij kunnen helpen zijn bijv. logopedisten, ergotherapeuten, fysiotherapeuten, psycho-motortherapeuten en (ortho)pedagogen.

Een gezinstherapeut kan u erbij helpen om zelf uw kind beter met zijn emotionele problemen bij te staan, om zijn gedragsproblemen beter aan te pakken, om de samenwerking tussen de ouders te verbeteren en om de invloed van (en op) de andere kinderen in het gezin beter te hanteren.

Een gedragstherapeut kan u met methodes helpen om storend gedrag af te leren en gewenst gedrag aan te leren.

Als uw kind ernstige emotionele problemen heeft die u als ouders niet kunt hanteren, dan kan een individuele speltherapie of cognitieve therapie voor het kind aangewezen zijn, zij het nooit zonder begeleiding van de ouders of gezinstherapie.

De leiding en coördinatie van de behandeling berust het beste in handen van een kinder- en jeugdpsychiater.

De opvoeding van een ADHD-kind vergt dus vrijwel altijd een multidisciplinaire aanpak, dat is een aanpak door verschillende specialisten: de ouders, de leerkracht, de gezinstherapeut, de arts en verder — afhankelijk van de stoornissen van uw kind — ook de orthopedagoog, de logopedist, enz. In het ideale geval vormen deze specialisten een team, en zijn ze gewend om ADHD-kinderen te onderzoeken en te behandelen en om met elkaar samen te werken. Die samenwerking is niet alleen belangrijk voor het onderzoek en het verfijnen van de diagnose, ze is bovendien van belang voor de behandeling.

In het lijstje van specialisten hierboven heb ik ook de ouders geplaatst. Dit is geen grap. Ouders van ADHD-kinderen zijn specialisten en de belangrijksten bovendien. *U moet in elk geval eisen dat u intensief betrokken wordt bij het werk van de andere specialisten.* Een team dat ADHD-kinderen behandelt zonder nauwe samenwerking met de ouders, is een slecht team. Als ouders moet u er ook voor waken dat uw kind niet overbelast raakt. Wanneer uw kind stoornissen of moeilijkheden heeft op veel verschillende gebieden, kan het voorkomen dat hij heel wat therapie nodig heeft: van een psychomotorisch therapeut, een logopedist, een orthopedagoog, enz. Dit kan te veel van het goede worden, zodat er geen tijd meer voor hem overblijft om gewoon te spelen, te sporten, te knuffelen, te rommelen en zich uit te leven. Soms is het dan nodig om samen met de andere specialisten prioriteiten af te spreken, zodat uw kind niet met alles tegelijk belast wordt.

Het kan zijn dat al die therapieën een te zware stress voor het ADHD-kind betekenen. Vooral wanneer hij behandeld wordt door specialisten die geen regelmatig contact met elkaar hebben (wat in veel gevallen jammer genoeg niet te vermijden is), bestaat het risico dat ze dit niet tijdig inzien. Houd het in het oog en overleg in dat geval ook eens met de huisarts of kinderpsychiater van uw kind.

5. Het nut van geneesmiddelen

Ik schrijf zelden pillen voor aan kinderen. Er zijn volgens mij weinig redenen te noemen om psychofarmaca aan kinderen te geven en zeker niet om ze langdurig te geven. Een van de uitzonderingen op die regel zijn de ADHD-kinderen.

Bij ADHD-kinderen moet volgens mij altijd worden nagegaan hoeveel baat ze hebben bij medicatie. Let wel op: geneesmiddelen horen niet thuis bij de behandeling van kinderen die een wat temperamentvolle aanleg hebben en zeker niet bij kinderen die overbeweeglijk zijn om psychosociale redenen! Enkel kinderen met een ADHD komen ervoor in aanmerking.

160

Wijzelf en veel andere onderzoekers hebben aangetoond dat ADHD-kinderen zeer goed geholpen zijn met geneesmiddelen die het centraal zenuwstelsel stimuleren. Daartoe behoren onder andere: amfetamine, Ritalin (Rilatine). Stimul en Pemolen die het heel nuttige 'Pemoline' bevatten zijn jammer genoeg in Nederland niet op de markt. De meeste specialisten geven aan Ritalin de voorkeur. Deze medicijnen bevorderen de werking in de hersenen van een stof (Dopamine geheten). Andere geneesmiddelen, zoals Dixarit en Imipramine, lijken veelbelovend, maar werden niet zo grondig onderzocht als Ritaline.

Bij ongeveer driekwart van de ADHD-kinderen die deze geneesmiddelen innemen, is er een duidelijke verbetering waar te nemen. Een kwartier tot een half uur na de inname worden ze heel wat rustiger.

Het geneesmiddel verbetert in de eerste plaats hun aandacht en concentratie. Hierdoor, maar mogelijk ook als rechtstreeks gevolg van het geneesmiddel, vermindert hun overbeweeglijkheid en krijgen ze meer controle over hun bewegingen. De bewegingen worden harmonischer.

Het effect op het psychosociaal functioneren is soms onmiddellijk. Bij heel wat kinderen zien we dan dat ze zich met behulp van de medicijnen sociaal en verstandelijk beter kunnen gedragen dan ooit tevoren. Vanaf het moment dat het medicijn is uitgewerkt, vallen ze terug in hun oude gestoorde gedrag. Het effect houdt dus op zodra met het geneesmiddel wordt gestopt. Het is dus geen 'genezende' medicatie, maar een medicatie die een aantal van de hinderlijke symptomen, vooral hyperactiviteit en concentratieproblemen, bestrijdt.

Het geneesmiddel is vooral belangrijk, omdat het de normaal begaafde ADHD-kinderen dikwijls toelaat het normale onderwijs te volgen, een normaal leven te leiden, in hun gezin te blijven en deel te blijven uitmaken van de groep leeftijdgenoten. Ik vind het geneesmiddel zeker zinvol, omdat men op die manier die kinderen heel veel leed en problemen bespaart. Wat levert het op als in de puberteit het aandachts- en concentratievermogen eventueel vanzelf verbetert, als ze ondertussen zoveel leerkansen gemist hebben en ze geen goede basisschoolperiode meegemaakt hebben.

Uit onderzoeken die ADHD-kinderen jarenlang bleven volgen, blijkt duidelijk dat deze medicatie op de lange termijn de duidelijkste positieve invloed heeft op hun schoolprestaties.

Dat is één aspect, het leeraspect. Er zitten echter nog meer kanten aan de zaak, namelijk het emotionele en het sociale aspect. ADHD-kinderen moeten dikwijls met veel moeite de schoolleeftijd doorworstelen met heel veel negatieve reacties van hun omgeving, school en thuis. Dit kan een zeer negatieve invloed hebben op hun zelfbeeld en zelfvertrouwen. Ik vind het waardevol als we door de geneesmiddelen kunnen voorkomen dat een ADHD-kind zich al te zeer een buitenbeentje gaat voelen. De geneesmiddelen kunnen ook de sociale aanpassing bevorderen. Een ADHD-kind dat zichzelf nauwelijks kan beheersen, ook niet met de beste aanpak van zijn ouders en leerkrachten, loopt veel kans sociaal uit de boot te vallen en voor altijd het stempel te dragen van clown, zeurpiet, boef, deugniet, lastpak, enz.

De negatieve emotionele en sociale weerslag van een jeugd vol problemen en mislukkingen is veel groter dan de negatieve invloed van het nemen van deze medicatie. Of de voordelen groter zijn dan de nadelen, moet echter voor elk kind afzonderlijk zeer zorgvuldig worden afgewogen.

Wel is aangetoond dat kinderen die geneesmiddelen krijgen als énige vorm van therapie, op de lange termijn zich meestal niet beter ontwikkelen dan ADHD-kinderen die geen medicatie krijgen, ook als men op de korte termijn wél verbetering ziet. Er is hier slechts één conclusie mogelijk: *de medicatie moet met therapeutische begeleiding gecombineerd worden.*

Zoals alle werkzame medicijnen hebben stimulerende geneesmiddelen als Ritalin ook bijwerkingen. De voornaamste bijwerkingen zijn: vermindering van eetlust, slapeloosheid, last van de maag; soms treedt er bleekheid op. Sommige kinderen worden er overgevoelig van en gaan gemakkelijk huilen. Onze ervaring is dat de meeste bijwerkingen verdwijnen als het kind de geneesmiddelen enkele dagen inneemt.

Soms merken we een zekere groeivertraging. Gelukkig stelden onderzoekers vast dat het kind zijn groei inhaalt, niet alleen als hij met het geneesmiddel stopt, maar ook als hij ermee doorgaat. Een laatste zeldzame bijwerking die optreedt is de zogenaamde 'opflakkering'. Dat wil zeggen dat het gedrag van het kind plotseling verergert als de pil is uitgewerkt. Meestal treedt dit op ongeveer zeven uur nadat het medicijn gegeven werd. De oplossing is om rond 15.00, 16.00 uur nog een kleine dosis te geven.

U zult van kennissen, artsen en apothekers die het gebruik van deze geneesmiddelen bij ADHD-kinderen niet kennen, te horen krijgen: 'Maar dat is toch doping, dat is verslavend!' Het is belangrijk te weten dat duidelijk werd aangetoond dat ADHD-kinderen die dit geneesmiddel kregen, later niet méér verslaafd zijn dan gewone kinderen (zie verder in dit hoofdstuk). Integendeel: u zult een grote inspanning moeten leveren en erg waakzaam moeten zijn, als u wilt dat uw kind elke dag zijn pilletjes inneemt. Als dan eindelijk het verlossende woord valt dat het ADHD-kind zijn pillen niet meer hoeft te gebruiken, is het voor iedereen een opluchting, voor het kind in de eerste plaats! Houd er wel rekening mee dat andere gezinsleden het geneesmiddel kunnen misbruiken. Denk daaraan als er regelmatig pillen zouden verdwijnen. Zoals met alle geneesmiddelen moet u er zeer voorzichtig mee zijn en moet u zich heel strikt houden aan de richtlijnen van de behandelend arts.

We zijn zeer voorzichtig met het gebruik van geneesmiddelen bij ADHD-kinderen. We houden ons streng aan enkele regels. Alvorens deze geneesmiddelen voor te schrijven:

1. moet de diagnose van een ADHD met relatief grote zekerheid vastliggen;

2. moet de gezinstherapie vlot verlopen: de opvoedingssituatie thuis en op school moet aangepast zijn aan de eisen van het

ADHD-kind. We geven nooit eerder een geneesmiddel dan nadat de aanpak correct is;

3. als we een geneesmiddel geven, dan schrijven we zo weinig mogelijk voor en testen we minstens eens per jaar of het kind niet zonder kan. Indien mogelijk geven we enkel een geneesmiddel op schooldagen.

Het effect van Ritaline ziet u vrij snel, bij de meeste kinderen al meteen na een paar dagen. Een proefperiode loopt meestal van drie weken tot een maand. Als we na een maand geen duidelijk resultaat zien, stoppen we ermee of proberen we iets anders.

Deze geneesmiddelen hebben het nadeel dat ze niet lang werken. De werkingsduur varieert een beetje van kind tot kind, ongeveer van vier tot acht uur. Als u de schooltijd wilt overbruggen, moet u ze tweemaal daags geven: 's morgens en rond het middaguur.

Het effect kan nagegaan worden aan de hand van vragenlijsten voor de leerkracht, de ouders, het kind en de therapeut.

Men geeft deze geneesmiddelen gewoonlijk ook niet vòòr de basisschool-leeftijd. We beginnen pas vanaf het moment dat de aandacht en concentratie werkelijk problemen gaan opleveren, en dat is meestal tegen de tijd dat het kind naar de basisschool gaat.

De behandeling kan het best gestart worden door de kinderpsychiater van het multidisciplinaire team die de diagnose gesteld heeft en de behandeling organiseert. Als alles eenmaal loopt, kan de verdere medicijncontrole ook door de huisarts gedaan worden. Het is voldoende dat de kinderpsychiater dan een- of tweemaal per jaar — in overleg met ouders, leerkrachten en huisarts — nagaat of het geven van de geneesmiddelen nog wel noodzakelijk is en of de dosis niet moet worden aangepast.

6. Hoe verloopt het verder met deze kinderen?

Toen kinderpsychiaters het ADHD-syndroom pas kenden, hadden ze de indruk dat het bij heel wat kinderen verdween rond de puberteit. Dat is niet zo. Nu kinderpsychiaters meer en meer deze kinderen gevolgd hebben tot na de puberteit blijkt dat de verschijnselen wel veranderen naarmate het kind ouder wordt, maar dat ze dikwijls niet verdwijnen.

Adolescenten met een ADHD: problemen

Bij sommige ADHD-kinderen verminderen of verdwijnen de problemen — of een aantal ervan — geleidelijk rond de puberteit. Dat betekent dat die geringe stoornis, dat niet goed functioneren van een klein gedeelte van de hersenen, eigenlijk geen echt defect was. Men noemt het dan een *rijpingsstoornis*: iets in de hersenen dat zich niet voldoende snel ontwikkeld heeft. Deze vertraagde rijping komt dan toch nog op gang in de puberteit.

Jammer genoeg zijn er geen methodes om van tevoren te bepalen of de problemen al dan niet in de puberteit zullen verbeteren. *Dikwijls verdwijnen de stoornissen helemaal niet tegen de puberteit. Wat wel dikwijls vermindert of verdwijnt is de overbeweeglijkheid.* De andere problemen kunnen ook verminderen, en wel door de wijze waarop een kind met zijn problemen leert omgaan.

Drie voorbeelden

— Peter heeft concentratiestoornissen en maakt daardoor veel fouten in een opdracht. Hij kan extra veel tijd nemen om die opdracht uit te voeren en op die manier minder fouten maken.

— Vera heeft moeite om visuele informatie (= informatie via de ogen) te verwerken. Zij kan leren meer en meer beroep te doen op auditieve informatie (= informatie via de oren).

— Een van mijn ADHD-patiënten werd zelfs bevorderd tot directeur van een bankkantoor. Hij deed zijn werk naar ieders grote tevredenheid, als hij... zijn 'rekenmachientje' maar kon gebruiken. Niemand wist dat hij zonder zijn rekenmachientje zelfs bij berekeningen onder de honderd soms problemen had.

Er is geen enkele factor waarmee men de ontwikkeling bij een ADHD-kind echt kan voorspellen. Toch lijkt een aantal factoren een opvallende positieve invloed te hebben. Van belang blijken vooral de hogere sociaal-economische klasse en de psychische gezondheid van de gezinsleden.

Behalve de familiale kenmerken blijken ook individuele kenmerken van het overbeweeglijk kind een belangrijke voorspellende waarde te hebben. De belangrijkste negatieve kenmerken zijn: lage intelligentie, blijvende overbeweeglijkheid, het moeilijk verwerken van falen, agressiviteit en asociaal gedrag.

Uit onderzoek blijkt dat:

— 20 à 50 procent van de ADHD-kinderen in de adolescentie geen abnormale problemen meer heeft;

— 70 à 80 procent van deze kinderen in hun adolescentie nog last heeft van een rusteloos gevoel;

— slechts 12 procent problemen blijft veroorzaken door overbeweeglijkheid en gebrek aan aandacht en concentratie;

— 10 à 25 procent problemen heeft met delinquent gedrag;

— en 20 procent hiervoor in aanraking kwam met de politie;

— 30 procent onder behandeling bleef of een vorm van speciaal onderwijs kreeg.

Het hoge aantal politiecontacten dat uit deze onderzoeken naar voren komt, geeft volgens mij een overdreven beeld van de delinquentie onder adolescenten met een ADHD. Men mag niet vergeten dat in het algemeen tot 90 procent van de burgers ten minste één keer in de adolescentie een justitieel strafbare daad stelt. Slechts een minderheid wordt echter betrapt. ADHD-kinderen zijn echter erg onhandig; ook hun delinquente gedrag wordt erg onhandig uitgevoerd. Hierdoor vergroot de kans dat ze betrapt worden ten zeerste. Als een delinquente daad in een groep wordt uitgevoerd, is het typisch het kind met een ADHD dat niet weet te ontkomen. Hij weet er zich niet uit te praten of maakt door zijn gedrag — op het moment van betrapt worden — de zaak alleen nog maar erger. Uit gedetailleerd onderzoek van de politiecontacten blijkt bovendien dat bij ADHD-adolescenten en jonge volwassenen de politiecontacten, behalve echt delinquent gedrag, vooral een veel groter aantal verkeersovertredingen (vooral te snel rijden) betreffen. In elk geval blijft het een feit dat ADHD-kinderen meer kans lopen delinquent te worden.

In het interessante boek *Hyperactive Children Grown Up* (Weiss en Trockenburg-Hechtman) worden de conclusies uit een reeks studies als volgt samengevat:
1. In alle studies vond men dat de symptomen van het oorspronkelijke ADHD-syndroom tegen de adolescentie minder, en minder erg waren geworden, en dat de symptomen uit de kindertijd zelden de problemen waren waarover in de adolescentie nog werd geklaagd. In de adolescentie waren de voornaamste problemen: problemen met de discipline, antisociaal gedrag, slechte schoolprestaties en slechte relaties met leeftijdgenoten.
2. De meest voorkomende stoornissen bij ADHD-adolescenten waren: gebrekkige zelfwaardering, slechte schoolprestaties en slechte relaties met leeftijdgenoten.
3. De grootste verschillen tussen de onderzoeken betrof het aantal adolescenten die herhaaldelijk delinquent gedrag vertoonden. Dit varieerde in de verschillende studies van 10 en 25 procent tot 45 procent.

Adolescenten met een ADHD: aanpak

A. Goede gezinsrelaties bevorderen
Onderzoek toonde aan dat er in de gezinnen van ADHD-adolescenten meer problemen voorkomen dan gemiddeld en dat *die*

problemen eerder het gevolg zijn van het hebben van een
ADHD-kind dan omgekeerd! Het is daarom dubbel belangrijk
om het in deze handleiding voorgestelde opvoedingspatroon
vol te houden. Het loont de moeite! Als u volhoudt heeft uw
kind een reële kans op slagen.

In veel gezinnen met een ADHD-adolescent zijn er bij de andere
gezinsleden meer problemen op het gebied van de psychische
gezondheid en is het algemeen emotioneel klimaat minder. Ook
zijn er meer problemen tussen de ouders onderling, en blijken
de ouders over het algemeen meer autoritaire en straffende
maatregelen te nemen ten aanzien van hun kinderen.

Heel opvallend is echter dat zowel de gezinsproblemen als het
straffend optreden van de ouders geleidelijk aan verminderen
en dat ook het emotioneel klimaat thuis verbetert, naarmate het
kind ouder wordt. De belangrijkste verbetering treedt op, nadat
de ADHD-adolescent uiteindelijk het huis verlaten heeft!!!

Het gebeurt regelmatig dat ouders alle gedragsmoeilijkheden op
de rug van het ADHD-syndroom schuiven en daardoor een
gezonde puberrebellie en gezond puberprotest diskwalificeren
en verkeerd aanpakken door het als ziek te bestempelen. Het
kan de moeite lonen om hierover te praten met en raad te
vragen aan een ervaren mede-ouder, leerkracht, kinderpsycho-
loog of kinderpsychiater.

Het is belangrijk dat ook adolescenten met een ADHD heel veel
structuur wordt aangeboden. Het is echter even belangrijk dat
de ouders die structuur geleidelijk aan verminderen en de
adolescent leren om zelf meer en meer structuur in zijn leven
aan te brengen. Ouders moeten leren de teugels wat te laten
vieren, ook als ze merken dat het dan verkeerd loopt. Het risico
bestaat dat de ouders zelf zoveel structuur blijven opleggen dat
het kind de kans niet krijgt het zelf te doen. Dit geldt voor de
ouders van alle adolescenten, maar voor de ouders van adolescenten met een ADHD wel heel in het bijzonder. Voor hen is
dit een veel moeilijker dilemma.

B. Geneesmiddelen

Als stimulerende geneesmiddelen nog niet geprobeerd werden, doe ik dat ook bij adolescenten alsnog. Ik begin met Rilatine (Ritalin), vooral als het medicijn eerder een gunstig effect had, maar gestaakt werd op basis van het (inmiddels achterhaalde) principe dat men er in de puberteit beter niet mee doorgaat. Het blijkt over het algemeen dat adolescenten even goed reageren op stimulerende geneesmiddelen als kinderen.

In geen enkel onderzoek kon worden aangetoond dat ADHD-adolescenten die stimulerende geneesmiddelen krijgen, later meer drugs gebruiken. Integendeel: onbehandelde ADHD-kinderen lopen meer risico later drugs te gebruiken dan kinderen die een tijdlang een goede medicamenteuze behandeling kregen. Een blijvende negatieve invloed op de lichamelijke ontwikkeling, lengtegroei, bloeddruk, gewicht, enz. werd niet aangetoond. Uit heel wat studies blijkt dat ADHD-adolescenten die problemen blijven hebben met aandacht, concentratie en hyperactiviteit, er in driekwart van alle gevallen belang bij hebben het geneesmiddel te gebruiken of te blijven gebruiken. Het probleem hierbij is echter eerder dat adolescenten meer dan kinderen weigerachtig staan tegenover het innemen van de pillen.

Een belangrijke recente bevinding is dat bij een aantal adolescenten, jonge volwassenen en volwassenen — bij wie stimulerende geneesmiddelen weinig effect hadden of aan wie ze om principiële redenen niet gegeven werden — Imipramine een gunstig effect had. Bij toeval werd ontdekt dat dit geneesmiddel dat op de markt was om depressies te behandelen, bij overbeweeglijke jonge volwassenen een gunstige werking heeft, ook als er van depressie helemaal geen sprake is.

Dit medicijn lijkt een direct effect te hebben op de aandacht, concentratie, impulsiviteit en overbeweeglijkheid.

C. Ontspanningsoefeningen

ADHD-adolescenten zijn vaak erg gespannen. Daarom geef ik

169

hun dikwijls korte, krachtige ontspanningsoefeningen. Omdat ik gemerkt had dat het uitvoeren van de ontspanningsoefeningen ook mezelf ontspant, leer ik de oefeningen aan ouder én kind aan. Ik vraag dan aan het kind eerst zijn ouder te ontspannen (waardoor hijzelf in de juiste, wat ontspannen stemming raakt) om daarna aan de ouder te vragen het kind te ontspannen. Het is soms wonderbaar om te zien hoe deze rusteloze kinderen mijn trage, rustige, zware 'ontspanningsstem' nadoen, hun ouder ontspannen krijgen en hierbij zelf ook al wat ontspannen raken.

D. Sociale-vaardigheidstrainingen

Sociale-vaardigheidstraining is voor deze kinderen een belangrijk hulpmiddel. Men moet echter niet verwachten dat één serietje van tien sessies een definitieve oplossing biedt. Men zou deze kinderen regelmatig trainingen moeten kunnen aanbieden, telkens opnieuw aangepast aan elke levensfase die zich aandient, en aan nieuwe problemen die deze met zich meebrengt.

Het lijkt me een belangrijke taak voor de ouderverenigingen om dit samen met hulpverleners (van bijv. DGGZ (RIAGG)) te organiseren.

E. Cognitieve therapieën

Adolescenten met een ADHD kunnen ook worden geholpen door strategieën, gebaseerd op de principes van de cognitieve therapie. Zoals de sociale leertheorieën de ouders een uitstekend handvat bieden om zo'n bijzonder kind, met zo'n bijzondere gebruiksaanwijzing, toch in juiste banen te leiden, zo kan men met de relatief eenvoudige principes van de cognitieve therapieën (bijv. Meichenbaum, Ellis, Beck) het zelfbeeld van deze kinderen verbeteren. Men kan hun er bovendien mee leren hun chaotische gedachten en denkpatronen beter te ordenen. Het lijkt me de moeite waard dat psychologen, getraind in de cognitieve therapieën, behandelingsstrategieën opzetten die specifiek bedoeld zijn voor deze categorie kinderen. Samen met

170

de ouderverenigingen zouden ze hiertoe trainingen kunnen organiseren, trainingen die uitstekend met sociale-vaardigheidstrainingen gecombineerd kunnen worden.

Na de adolescentie gaat het beter:
volwassenen met een ADHD

Psychiaters voor volwassenen, bij wie overbeweeglijke kinderen op latere leeftijd terecht kunnen komen, kennen het ADHD-syndroom niet. Ze stellen, mochten er zich problemen voordoen, allerlei andere diagnoses uit hun vakgebied, maar geen ADHD. Onze indruk is dat in de psychiatrie voor volwassenen aandacht wordt geschonken aan de gevolgen van deze dysfunctie, zonder kennis van of aandacht voor de onderliggende aandoening. Bijna nooit denken deze psychiaters aan de mogelijkheid van ADHD.

Naarmate meer en meer psychiaters voor volwassenen in hun opleiding met de kinderpsychiatrie kennismaken, groeit hun belangstelling voor deze problematiek. Sinds een jaar of tien is men gaan ontdekken dat heel wat ADHD-kinderen ook als volwassenen specifieke problemen houden. Een aantal onderzoekers spreekt zelfs van het ABD-syndroom ofwel Adult Brain Dysfunction (= hersenfunctiestoornis bij volwassenen).

Het vinden van een geschikte partner heeft meestal een gunstige invloed op de jonge volwassene met een ADHD. Vooral als hij een uit zichzelf goed gestructureerd meisje heeft getroffen dat erin slaagt de chaos van haar ADHD-vriend te helpen kanaliseren en 'sympathiek' te houden.

Toch ontstaan ook in dit soort relaties regelmatig problemen als gevolg van het impulsieve gedrag. In heel wat situaties heeft de (jonge) volwassene met een ADHD het er moeilijk mee om te accepteren dat zijn even intelligente partner heel wat zaken beter kan aanpakken dan hijzelf en vooral beter kan organiseren. Hij is dankbaar voor wat ze voor hem doet, beseft dat hij

171

dank zij haar beter functioneert, maar haat van tijd tot tijd de onvermijdelijke afhankelijkheid, zoals een lamme zijn krukken zo nu en dan kan haten.

Als een vader met een ADHD een overbeweeglijk kind heeft, kunnen problemen ontstaan. Niet alleen omdat het voor een ADHD-vader moeilijker is om consequent te zijn in de opvoeding, maar ook doordat hij zichzelf in zijn kind herkent. Door medelijden (en schuldgevoelens) bewogen is hij gemakkelijk te toegeeflijk, of uit machteloosheid treedt hij te brutaal op, wat dan weer vaak oorzaak is van conflicten met de partner.

In het boek *Hyperactive Children Grown Up* worden ook de onderzoeken, bij volwassenen die in hun jeugd gediagnostiseerd waren onder de noemer ADHD, samengevat.

De conclusies zijn hier de volgende:

1. Uit alle onderzoeken komt naar voren dat ongeveer de helft van de patiënten het als volwassene echt goed stelde. Dit betekent niet dat de patiënten uit de groep die het goed stelde, helemaal geen last meer hadden van de symptomen, maar die symptomen waren niet al te hinderlijk meer voor hen. De meeste patiënten hadden werk en konden zichzelf onderhouden. Het verloop van het ziektebeeld lijkt bepaald door het al of niet aanwezig zijn van overbeweeglijkheid en asociaal gedrag.

2. In bijna alle onderzoeken had ongeveer de helft van de patiënten milde tot ernstige, voortdurende symptomen van het ADHD-syndroom of vertoonde andere kenmerken van secundaire psychische problemen.

3. Ongeveer een kwart van de volwassenen vertoonde kenmerken van een antisociale persoonlijkheidsstructuur of had delinquente daden gesteld.

4. De gedachte dat ADHD-kinderen meer kans maken om psychotisch ('gek') te worden, werd niet bevestigd.

5. Hoewel uit een aantal studies blijkt dat hyperactieve adoles-

centen meer alcohol gebruiken dan leeftijdgenoten, kon dit verschil bij volwassenen niet worden aangetoond.

Tot slot: wat volwassenen met een ADHD denken over hun behandeling als kind

Weiss en Trockenberg-Hechtman vroegen aan 61 volwassenen met een ADHD wat ze belangrijk hadden gevonden aan hun behandeling. Hun antwoord was, kort samengevat:
1. de werking van Rilatine vonden zij over het algemeen meer efficiënt dan die van andere geneesmiddelen;
2. ze hadden heel wat negatieve gevoelens over het feit dat ze geneesmiddelen hadden moeten gebruiken;
3. sleutelfiguren zoals ouders, leerkrachten en jeugdleiders, waren een bijzondere hulp geweest bij het overwinnen van de problemen van de kindertijd;
4. ze hadden behoefte aan meer informatie gehad en meer gelegenheid gewenst voor open discussies over wat toentertijd met hen mis was en wat de betekenis van de geneesmiddelen voor hen geweest was;
5. ze vonden dat ze gemakkelijker beroep hadden moeten kunnen doen op: adequate *remedial teaching*, begeleiding op school, cognitieve therapie, individuele psychotherapie en gezinstherapie. Ze vonden dat de aanpak van dit syndroom met zijn vele facetten multidisciplinair van aard moest zijn.

Samenvatting

De officiële kenmerken van ADHD benadrukken vooral de aandachts-en concentratieproblemen, overbeweeglijkheid en impulsiviteit.
De lijst met problemen die een ADHD-kind heeft en veroorzaakt is echter heel wat langer:

173

1. stoornissen van aandacht en concentratie;
2. overbeweeglijkheid;
3. impulsiviteit;
4. bewegingsstoornissen: onhandigheid;
5. stoornisen van de conditioneerbaarheid;
6. leerstoornissen: stoornissen van de informatieverwerking;
7. emotionele labiliteit;
8. emotionele problemen;
9. slaapstoornissen;
10. relationele problemen;
11. bijkomende gedragsproblemen.

Er bestaan twee misverstanden over hun intelligentie, namelijk dat ADHD-kinderen niet intelligent zijn en dat ze juist heel intelligent zijn.

Als ouders maakt u, samen met de andere specialisten, deel uit van een team. Specialisten die ADHD-kinderen behandelen zonder nauw samen te werken met de ouders, doen hun werk niet goed. In een dergelijk team zit ook een kinderpsychiater die onder andere kan nagaan of het betreffende kind gebaat is bij geneesmiddelen. De negatieve emotionele en sociale weerslag van een jeugd vol schoolse en andere problemen en mislukkingen is veel groter dan de negatieve invloed van het gebruik van deze pillen. Als ze effect hebben, verbeteren niet alleen de aandacht en concentratie, maar ook de sociale aanpassing.

Bij sommige kinderen verdwijnt het probleem in de puberteit. Met een meerderheid van kinderen met een ADHD gaat het later vrij goed, ook als de problemen, veroorzaakt door ADHD, niet of niet helemaal verdwijnen. Tot de groep die de ernstigste problemen blijft houden, behoren de mensen die ook na hun adolescentie overbeweeglijk en/of anti-sociaal blijven.

In elk geval blijkt uit onderzoek en ervaring dat de aanpak thuis en op school van het allergrootste belang is voor het verdere verloop, ook gedurende de adolescentie.

Bijlagen

In de tekst vermelde boeken:

Bisschop, M. en T. Compernolle, *Je kind kan het zelf,* Standaard Uitgeverij, Antwerpen 1989.
Diagnostic and Statistical Manual of Mental Disorders, American Psychiatric Association, Washington D.C. 1980 en 1987.
Weiss, G. en Trockenberg-Hechtman L., *Hyperactive Children Grown Up. Empirical Findings and Theoretical Considerations,* Guilford Press, N.Y. 1986.

In de tekst vermelde medicijnen (gedeponeerde merken):

Ritalin (Rilatine): is een gedeponeerd merk van Ciba/Geigy;
Stimul: is een gedeponeerd merk van Certa;
Dixarit: is een gedeponeerd merk van Boehringer/Ingelheim;
Tofranil: is een gedeponeerd merk van Geigy;
Pemolen: is een gedeponeerd merk van Wolfs.

Het onderzoeks-, advies- en begeleidingscentrum 'Zit Stil' in Vlaanderen

Hoe de v.z.w. Zit Stil groeide:
1. Zelfhulpgroep
2. Ouderwerkgroep
3. Centrum voor onderzoek, advies en begeleiding

Zit Stil was oorspronkelijk een zelfhulpgroep, in 1981 opgericht door ouders met als doel ouders, leerkrachten en betrokken beroepsgroepen meer inzicht te geven in de problematiek van het ADHD-kind.

Enkele jaren later werd met de zelfhulpgroep een ouderwerkgroep gevormd. Deze werkgroep verzorgt studieavonden, gespreksgroepen voor ouders en leerkrachten en gezinsweekends en stimuleert het wetenschappelijk onderzoek waaraan zij zelf meewerkt. Zij schrijft brochures over de opvoeding en begeleiding van kinderen in een bepaalde leeftijdsfase en geeft een praktijkgericht tijdschrift uit.

Themagerichte gespreksavonden voor ouders zijn een belangrijk onderdeel van de werking van Zit Stil. Ouders ontmoeten elkaar om de twee maanden om ervaringen uit te wisselen en over hun problemen te overleggen. Een medewerker van Zit Stil leidt het gesprek, geeft theoretische uitleg en concrete opvoedingstips. De steun en de solidariteit op deze avonden zijn een rijke bron om kracht uit te putten. Het eerste contact met de werkgroep is dikwijls een lang telefoongesprek, waarin ouders zich begrepen voelen en de nodige informatie krijgen.

Het centrale secretariaat in Dendermonde alleen al registreerde in het voorbije jaar 580 telefonische oproepen, waarvan 72 % van ouders (meestal moeders). De overige 28 % kwamen van leerkrachten, diensten, PMS-centra, artsen en studenten. Bijna de helft van deze oproepen betrof kinderen tussen 6 en 8 jaar.

Na tien jaar werking is er binnen Zit Stil v.z.w. een derde luik, namelijk het centrum voor onderzoek, advies en begeleiding.

De werkgroep is nauw betrokken bij deze werking en verzorgt daarbij een deel van de opvang. Het centrum stelt zicht tot doel om naast fundamenteel onderzoek heel concreet en praktisch samen te werken met de ouders en de leerkrachten.

HET CENTRUM ZIT STIL V.Z.W.

Centrum voor onderzoek, advies en begeleiding van kinderen en jongeren met aandachtsstoornissen en impulsief gedrag (ADHD, UADD en aanverwante problemen).
Met begeleiding van hun ouders en leerkrachten.

Opmerking: ADHD staat voor Attention Deficit Hyperactivity Disorder, UADD voor Undifferentiated Attention Deficit Disorder. UADD-kinderen vertonen minder hyperactiviteit.

1. Doelstellingen

Hulp aan verstandelijk normaal begaafde meisjes en jongens die moeilijkheden hebben door aandachtsstoornissen, impulsiviteit of onhandigheid (vaak bij het schrijven). Deze kinderen mislukken niet omdat ze niet intelligent genoeg zijn; maar omdat ze niet gestructureerd denken, hun tijd niet goed indelen, niet weten hoe ze hun materialen moeten gebruiken en zich tijdens de les moeilijk kunnen concentreren. Het centrum geeft de

177

mogelijkheid tot onderzoek, advies en begeleiding met leerhulp.
Hulp aan ouders van deze kinderen door individuele of groepsbegeleiding, zoals opvoedingsadvies, begeleiding bij het maken van huiswerk, ombuigen van ongewenst gedrag.
Hulp aan leerkrachten door middel van een klasobservatie. Verder kan individuele begeleiding van de leerkracht nodig zijn om de specifieke problemen van het ADHD-kind in de klas te leren inschatten en op te vangen. Door het niet goed kunnen verwerken van de informatie die de leerkracht geeft, kan het kind leerstoflacunes vertonen, die tijdig moeten ondertekend en aangepakt worden.
Het kind kan ook de gewone spelregels van school en maatschappij sociaal en emotioneel niet goed hanteren.
Bovendien vraagt het impulsieve gedrag een specifieke aanpak in de klas.

2. Doelgroep

Kinderen en jongeren met aandachtsstoornissen en impulsief gedrag (ADHD, UADD en aanverwante problemen), hun ouders, leerkrachten, opvoeders en begeleiders.
Hulpverleners die betrokken zijn bij de ADHD-problematiek: artsen, therapeuten, psychologen, pedagogen.

3. Aanbod

Adviesgesprek

Het centrum neemt geen oordelende of veroordelende houding aan tegenover de ouders, maar probeert zich aan de hand van een soms lang verhaal een beeld te vormen van de moeilijkheden en geeft hier al wat toelichting bij de aanpak ervan. Zit Stil overloopt met de ouders de ontwikkeling en de opvallende feiten in de opvoeding en het functioneren van het kind vanaf de geboorte. Het centrum kijkt zorgvuldig na hoe het kind zich gedroeg en hoe het zich nu gedraagt, zowel in het gezin als op school, bij familie en in de buurt.

Ouders bereiken op eigen houtje goede resultaten met hun kind, maar voor deze kinderen hebben ze tijd en hulp nodig. In dit eerste persoonlijke gesprek geeft het centrum uitleg over haar werking en haar mogelijkheden tot verder onderzoek.

Onderzoek

Het stellen van de diagnose ADHD heeft heel wat voeten in de aarde. Het is een nog erg omstreden vraagstuk dat nog aardig wat stof zal doen opwaaien.

De vroegere term MBD werd vervangen door de term ADHD, wat een verfijnde diagnose inhoudt. Toch zal er waarschijnlijk nog meer onderscheid gemaakt moeten worden.

Een goed onderzoek van deze kinderen en jongeren is nodig voor een precieze diagnose, die de basis zal vormen van verdere behandeling.

Begeleiding

De begeleiding van kinderen en jongeren is zo concreet moge-lijk, vertrekkend van het probleem dat zich op dat moment voordoet: sociaal onaangepast gedrag, leerstofproblemen, moeilijkheden thuis,...

Deze begeleiding kan zowel didactisch als therapeutisch zijn. Het centrum leert fundamentele vaardigheden aan die alle aspecten van het leren bevorderen.

Door het niet goed verwerken van informatie vertonen ADHD-kinderen in het vierde, vijfde en zesde leerjaar onverwachte leerstoflacunes die een nadelige invloed hebben op hun gedrag (emotionele onzekerheid, faalangst, clownesk gedrag). De therapeut kan het kind trainen in zelfinstructie, waardoor het meer zelfcontrole krijgt. Het kind leert ook om een probleem te begrijpen, oplossingsmethoden te vinden en deze te gebruiken. De begeleiding van ouders bestaat uit het duidelijk stellen van het probleem. Het ADHD-kind wordt niet altijd als dusdanig herkend. Meestal hebben de ouders al een lange weg achter de rug van onzekerheid, lukken en mislukken en zoeken naar goede opvoedingsmethoden.

Van bij het begin legt het centrum de nadruk op de samenwerking tussen alle betrokkenen, met de ouders als spilfiguren. Zij kunnen immers een schat aan informatie doorgeven. Bovendien blijven zij steeds de verantwoordelijken voor de opvoeding van hun kind.

Deze begeleiding wil de ouders tot steun zijn bij de behandeling van hun kind thuis en op school, zodat het kind en het gezin de kans krijgen zich goed te ontwikkelen.

De begeleiding van leerkrachten is nodig. Op de basisschool en ook later vergen ADHD-kinderen meer vaardigheden van de leerkracht dan de opdracht waarvoor ze zijn opgeleid. De meeste ADHD-kinderen horen thuis in het gewone onderwijs. Het centrum biedt leerkrachten meer inzicht in de problemen van en de omgang met deze kinderen in de klas. De Workshop voor leerkrachten is een vormingsprogramma met als doel:

— een tijdelijke samenwerking opzetten tussen betrokken leerkrachten, solidair zoeken naar een oplossing voor specifieke problemen met een ADHD-kind.

— een beter inzicht krijgen in het wezen van een ADHD-kind.

— duidelijke en haalbare doelen formuleren voor de aanpak van het kind in de klassituatie.

— technieken en pedagogische strategieën uitwerken om het kind te helpen het leer- of gedragsprobleem te overwinnen.

— deze technieken en strategieën toetsen in de eigen klas.

Dit vormingsprogramma is gebaseerd op gerichte observatie, principes uit de gedragsleer, communicatievaardigheden en cognitieve strategieën.

Naast deze intensieve begeleiding kunnen leerkrachten ook steeds op het centrum terecht voor een gesprek, advies, informatie en documentatie. Ook de klas, de directie en het PMS kunnen betrokken worden bij de behandeling.

Op vraag van de school geeft Zit Stil voordrachten en bijscholing aan leerkrachten.

De begeleiding van het gezin is niet in alle gevallen nodig. Een gezin bestaat uit verschillende leden, die elk een eigen positie hebben en een eigen rol spelen. Maar een ADHD-kind beïnvloedt de relaties tussen de leden, soms zo sterk dat het evenwicht binnen het gezin verstoord wordt.

Ouders gaan misschien twijfelen aan zichzelf en aan hun kwaliteiten als opvoeders. De extra aandacht die het ADHD-kind vraagt gaat ten koste van de relatie tussen de ouders en van de tijd die aan de andere kinderen besteed wordt. Bovendien is er de sociale druk en controle van de familie en de buitenwereld.

Ook broers en zussen van een ADHD-kind hebben soms begeleiding nodig om een goede relatie op te bouwen met hun broer of zus.

Het centrum stelt een begeleidingsplan op waarin de ontwikkeling en de eigenheid van het kind en van het gezin centraal staan.

4. Inschakelen van gespecialiseerde artsen of diensten

Afhankelijk van de leeftijd van het kind, de problemen die zich op dat moment voordoen en de vragen van de ouders, werkt Zit Stil samen met andere deskundigen. Bij het stellen van een precieze diagnose en de behandeling ervan kan het nodig zijn een beroep te doen op gespecialiseerde hulpverleners. Het centrum oriënteert en coördineert deze samenwerking. Door de testresultaten, medische verslagen en andere verzamelde informatie samen met de ouders te bespreken, probeert Zit Stil hen te steunen, te informeren en te helpen bij het nemen van beslissingen. Het centrum wil een brug slaan tussen de ervaring en de deskundigheid van de ouders en de professionaliteit van de hulpverleners zodat de kansen op een gezonde ontwikkeling van het kind groter worden.

Voor Zit Stil v.z.w.:
secretaris Lies Jacobs en voorzitter Bieke Meert.

De ouderwerkgroep 'Balans' in Nederland

Hoe Balans groeide

Balans is een landelijke vereniging van ouders en (jong-)volwassenen: ouders van kinderen met ontwikkelings-, gedrags- en leerstoornissen; (jong-)volwassenen die met één of meer van deze stoornissen zijn opgegroeid.

De vereniging Balans is op 1 januari 1988 van start gegaan en ontstond uit een fusie tussen drie ouderorganisaties:

— De Pijler, de landelijke vereniging van ouders van kinderen met leer- en ontwikkelingsproblemen. Aandacht met name gericht op schoolgaande jeugd met leer- en ontwikkelingsproblematiek.

— De Stichting Integratie Buitenbeentjes, een stichting van ouders van en (jong-)volwassenen met MBD. Aandacht met name gericht op scholing, arbeid, vrije tijdbesteding en vorming van (jong-)volwassenen met MBD.

— Werkgroep MBD van de Bosk. Aandacht met name gericht op onderzoek naar en preventie van MBD.

Door de bundeling van kennis en kracht van deze drie organisaties kan Balans de belangen van haar leden nóg beter behartigen en kan zij meer invloed uitoefenen, overal waar de hulpverlening voor onze kinderen en (jong-)volwassenen in het geding is, of verbeterd moet worden.

Nu, ruim drie jaar later, is uit die drie organisaties een nieuw geheel ontstaan: een vereniging met inmiddels ruim zesduizend

183

leden en dertig afdelingen. Deze afdelingen vormen de kurk waarop de vereniging drijft, een groot deel van het werk van Balans wordt door afdelingen uitgevoerd. Het landelijk bureau staat hen daarin bij. Behalve voor afdelingen werkt het bureau ook voor het bestuur van de vereniging.

Op landelijk niveau kwamen structurele contacten met beleidsmakers tot stand en is gepleit voor de (h)erkenning van de problemen waar onze leden mee kampen.

Doelstellingen

Voor ouders is het erg moeilijk om te weten hoe ze op de specifieke opvoedingsvragen moeten reageren. Ze zoeken tevergeefs naar erkenning en begrip bij familie, huisarts of leerkracht. Men onderkent de specifieke (leer)problemen van deze kinderen niet of men ziet geen samenhang tussen moeilijk gedrag en leer- en ontwikkelingsstoornissen. Het schuldgevoel van de ouders wordt versterkt door een opmerking als: 'U bent overbezorgd'. Ouders komen steeds meer alleen te staan. Onzekerheid en isolement nemen toe. Wie helpt ze dan nog op weg ? Balans probeert deze ouders en (jong-)volwassenen te helpen en te begeleiden door het geven van steun en informatie en bij het zoeken naar de juiste hulp.

Verder behartigt Balans de belangen van deze ouders en hun kinderen of (jong-)volwassenen door overal de kansen op een goede ontwikkeling te bevorderen.

Doelgroep

— ouders/verzorgers van kinderen en (jong-)volwassenen met leer-, gedrags- en/of ontwikkelingsproblemen, waaronder MBD en dyslexie;

— deze kinderen en (jong-)volwassenen zelf;
— hulpverleners/geïnteresseerden.

Aanbod

— *functioneren als wegwijzer:* telefonische en schriftelijke informatie of advies aan hulpzoekende ouders en (jong-)volwassenen; ouders en/of (jong-)volwassenen helpen met zoeken naar een juiste opvang en begeleiding; sociale kaart.

— *uitdragen van ervaring en kennis* door middel van het kwartaalblad 'De Pijler', boeken, brochures, congressen, themadagen, voorlichtingsavonden in de regio, videofilm, telefonisch en schriftelijk advies/informatie, organiseren van cursussen voor ouders.

— *ondersteunen van activiteiten,* zoals opzetten en coördineren van regionale sozen van (jong-)volwassenen, vakantieprojekten, regionale activiteiten.

— *onderhouden van contacten/voeren van overleg* met de landelijke provinciale en gemeentelijke overheden, belangenorganisaties op het gebied van gezondheidszorg, onderwijs en hulpverlening, organisaties en personen die zich met name richten op de vroegtijdige onderkenning van leer- en ontwikkelingsstoornissen.

— *verdiepen van kennis en deskundigheid:* Balans wil de kennis omtrent ontwikkelings-, gedrags- en leerstoornissen zo veel mogelijk verdiepen door het stimuleren, op de voet volgen, evalueren en doorgeven van de resultaten van onderzoeken in binnen- en buitenland. Deze onderzoeken richten zich onder andere op:
- oorzaken van ontwikkelings-, gedrags- en leerstoornissen, waaronder MBD en dyslexie;
- ontwikkeling van methodieken om ontwikkelings-, gedrags- en leerstoornissen zo vroeg mogelijk te kunnen onderkennen;

- ontwikkeling en verbetering van behandelings- en opvoedingsmethoden binnen het gezin, de schoolsituatie en de hulpverlening.

Index